Frida Kahlo.

Frida Kal

弗里达·卡罗

我就是自己的缪斯

［加］苏珊娜·巴贝扎特 著 / 朱一凡 阮静雯 李梦幻 译

Frida Kahlo at Home

广西师范大学出版社
·桂林·

目录

CONTENTS

01　第一章　诞生及科瑶坎的童年

25　第二章　墨西哥城的校园时光

51　第三章　不登对的一对

79　第四章　旅美时光

119　第五章　在圣天使的分分合合

141　第六章　超现实主义之声

165　第七章　重拾旧日时光

195　第八章　蓝房旧事

221　第九章　遗产

234　尾注

244　原版书图片索引

246　致谢

埃尔佩·德雷加尔火山区

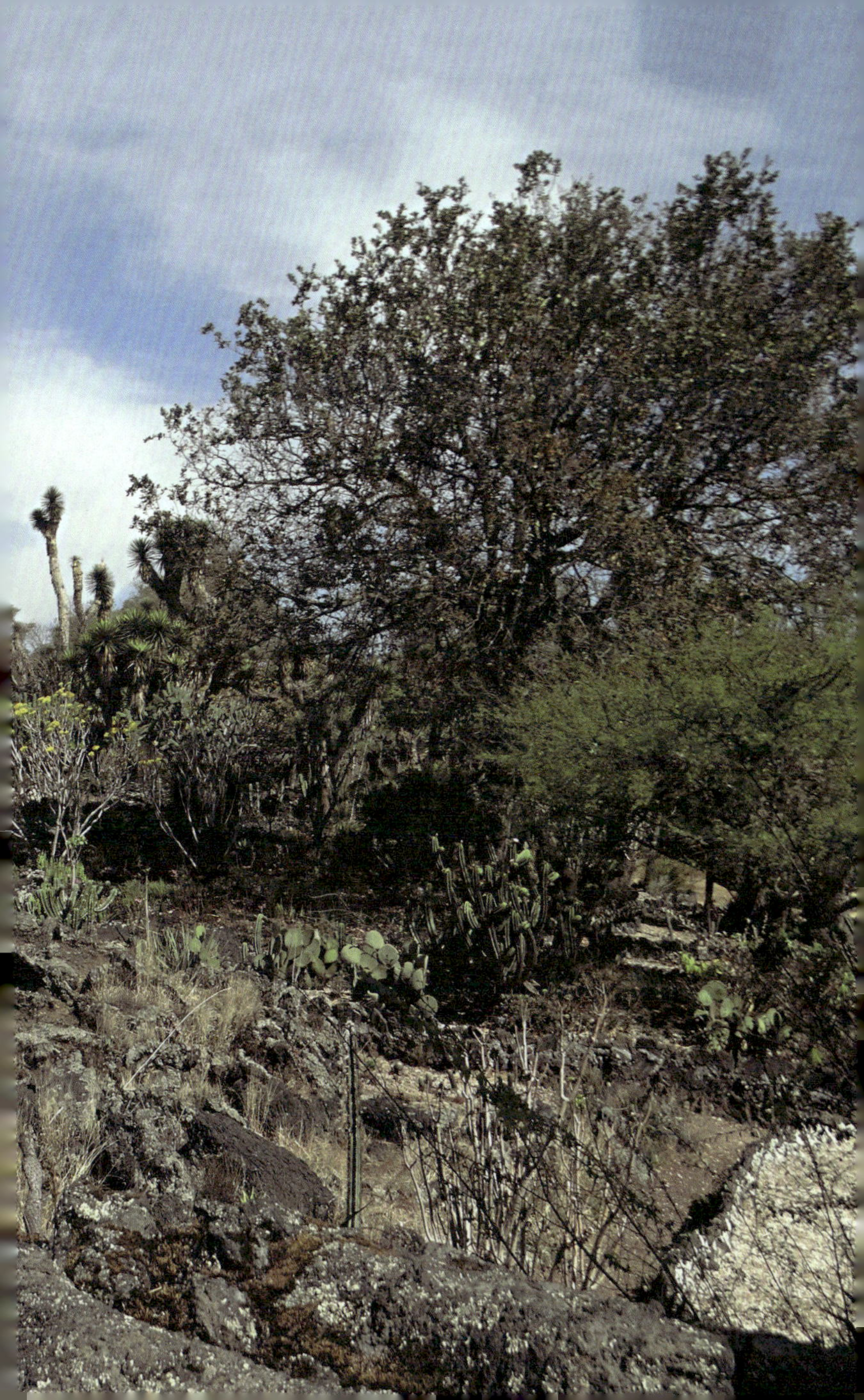

CHAPTER

*

1

第一章
诞生
及科瑶坎的童年

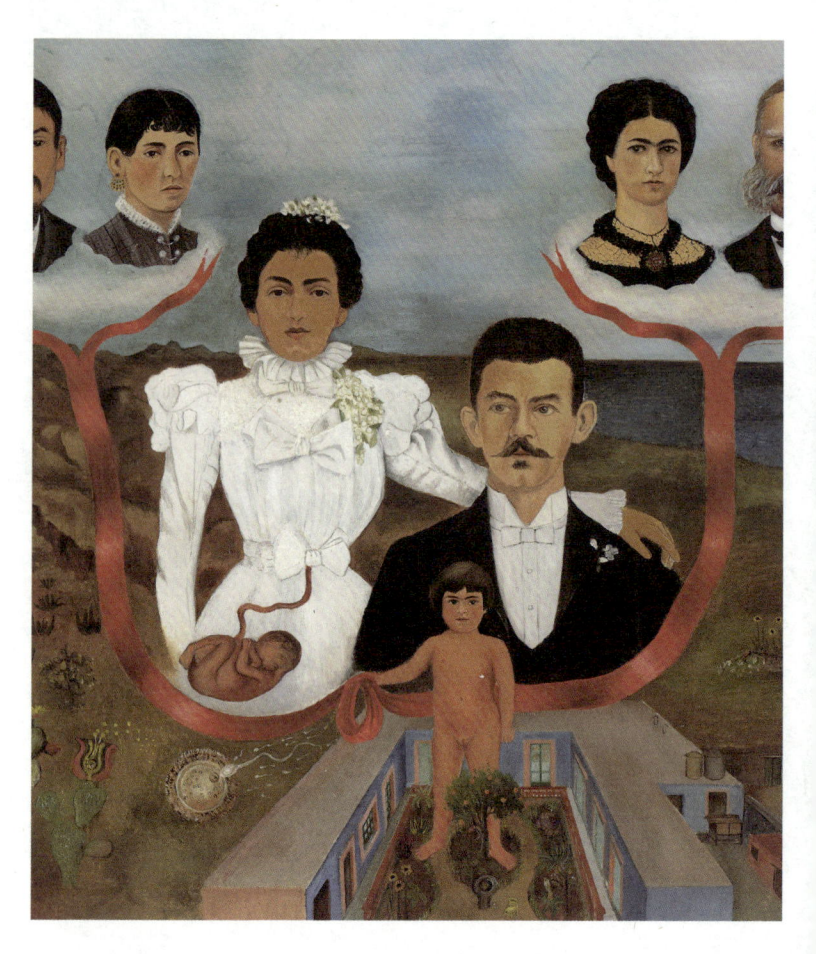

《祖父母、父母和我》(又名《家庭树》)细节图,弗里达·卡罗,画于1936年

在墨西哥城科瑶坎一个舒适却不起眼的住宅区里，有一座钴蓝色的房子矗立在艾伦街和朗德街的拐角。除了颜色和门上方的标志，这所房屋的外观与它的左邻右舍相差无几。然而，几乎每天房屋前都会有络绎不绝的游客排着长队等待进入，队伍蜿蜒至整个街区。这是玛格达莱娜·卡门·弗里达·卡罗·卡尔德隆的出生地。1907年7月6日，弗里达出生了。她的父亲圭勒莫·卡罗是德国移民、著名的摄影师，母亲玛蒂尔德·卡尔德隆是其父的第二任妻子，拥有西班牙和墨西哥土著的血统。当时的科瑶坎是新开发的地区，夫妇俩在这里买了一块土地，并在弗里达出生前三年造了一座房子。

为了能与墨西哥革命的爆发（1910）相关联，弗里达一直声称她出生于1910年。弗里达润饰了生命的历程，只为塑造她希冀影射的身份。事实上，她出生时墨西哥总统波菲里奥·迪亚斯还在任，当时政治环境稳定，经济增长迅速，科技发展飞快，但社会不平等现象日益严峻。

1890年，弗里达的父亲来到墨西哥。那时的他是一个不到20岁的年轻人，身形颀长，举止优雅，有着一头浓密的棕发和一双透着敏锐目光的灰蓝色眼睛。当时他并不蓄须，此后却一直留着修剪得整整齐齐的胡子。弗里达的父亲患有间歇性癫痫症，这可能是他年轻时受伤所引发的。当时墨西哥城住着约500名德国人，大部分是对融入墨西哥社会兴致不高的富商。他们来墨西哥是受到墨西哥优惠政策的吸引：迪亚斯政府当时通过向外资企业提供免税及其他激励措施来鼓励外商投资。

左图｜弗里达的母亲玛蒂尔德·卡尔德隆

右图｜弗里达的父亲圭勒莫·卡罗

下图｜弗里达父母婚后不久的合照，摄于1898年

自 1876 年以来迪亚斯一直大权在握,他与他的顾问团——一群名为"科学家"的人,一起用颇为强硬的手腕治理着国家,他们提倡实证主义哲学的秩序和理性原则,拥护严格的社会等级制度。迪亚斯一心追求社会秩序,对秩序任何形式的破坏都得到了他坚决迅速的处理。该时期,高速公路、铁路、电报线路和油田得以修建,矿业和纺织业也取得了重大进展。上层阶级崇尚欧洲的艺术、建筑和时尚风格,喜欢购买从欧洲进口的奢侈品。尽管迪亚斯具有印第安和欧洲血统,但他一味地淡化自己的印第安血统,并拥护欧洲文明。传闻说他甚至傅粉于面,使自己看起来更像欧洲人。

与大多数德国人不同,弗里达的父亲非常想把墨西哥当成自己永远的家。在他抵达后的几年内,他将自己的名字从威廉(译者注:Wilhelm 是其德国名)改为圭勒莫,并获得了墨西哥公民身份,娶了一位名叫玛丽亚·卡德纳的墨西哥女子。弗里达的父亲曾在几家不同的德国企业中担任职员,包括一家五金店和一家珠宝店。他和玛丽亚育有三个孩子,其中第二个孩子年幼夭折。玛丽亚在生下第三个孩子后也不幸离世,留下了 27 岁的圭勒莫和两个年幼的女儿。

不久,圭勒莫向他在珠宝店的一位女同事求婚,这位女士即玛蒂尔德·卡尔德隆,那时她 21 岁,个子娇小,眉清目秀,笑起来脸上有个酒窝。她的父亲安东尼奥·卡尔德隆是一位摄影师,来自莫雷利亚(墨西哥西南部城市);她的母亲伊萨贝尔·龚萨蕾来自瓦哈卡(位于墨西哥南部),从小在修道院接受教育;她

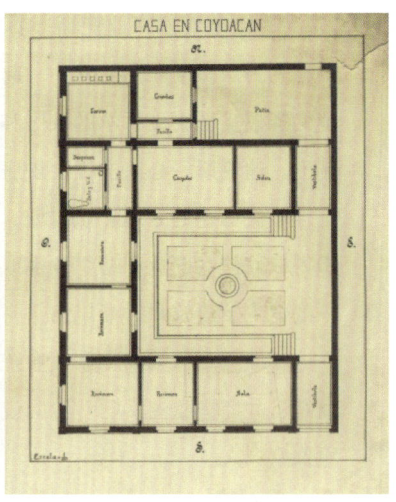

左上图｜科瑶坎区的百年独立纪念花园

左下图｜连接村庄和墨西哥城中心的新式有轨电车，由圭勒莫拍摄

右上图｜新家的建筑平面图

的外公是一位西班牙裔的将军。玛蒂尔德作为家中长女，有 11 个弟弟妹妹，是一位虔诚的天主教徒，尽管没接受过正式教育，但她天资聪颖，擅长和数字打交道。1898 年 2 月 21 日，她和圭勒莫举办了天主教婚礼。玛蒂尔德的母亲伊萨贝尔出席婚礼，其父在那时已经过世。[1]

圭勒莫后来得到了已故岳父的相机。尽管他之前没有接受过正式的摄影训练，但他是一位细致至极的摄影师，他的作品展现出他对构图和透视敏锐的洞察力。随后，他辞去了珠宝店的工作，

弗里达·卡罗

全身心投入摄影。他专门拍建筑、机械和风景。尽管他曾自嘲说他不喜欢拍人物的原因是不想把上帝美好的作品拍得丑陋,[2]但有一些人会经常出现在他的作品中,即顾客和家人,当然还有他自己。

圭勒莫接到的第一个摄影工作是记录一家五金店的建造过程。有一个德国人准备新开一家五金店,于是圭勒莫的前雇主聘请他来记录整个过程。这座建筑首次采用了美式钢铁结构,成了

卡罗一家在科瑶坎区的新家

墨西哥城现代化的象征。[3]整个建造过程耗时16个月，圭勒莫用相机记录了从最初开挖地基到最后举办奢华的落成典礼的全过程。圭勒莫的摄影作品引人注目，记录了墨西哥整个国家划时代的建筑和经济发展进程，这也正是墨西哥政府想向世界传达的信息。他用胶卷捕捉了这个国家现代发展的缩影。那些建筑、工厂和机器的照片经常会出现在墨西哥当地的报纸及杂志上，记录着墨西哥技术和工业的发展历程。

1904年，圭勒莫接到另一项重要的任务。政府要求他去拍摄墨西哥的建筑文化遗产，用于制作纪念墨西哥独立100周年的高质量的系列相册。同年，圭勒莫收到来自德国的一大笔汇款，是他父亲留给他的遗产。圭勒莫和玛蒂尔德因此在经济上一下宽裕起来，于是他们马上买下一块地，用于建造新家。除了与第一任妻子生下的两个女儿，圭勒莫一家很快又迎来了两位新的家庭成员——玛蒂塔和阿德里安娜，她们分别出生于1899年和1902年。

圭勒莫一家打算在郊外定居。科瑶坎区位于墨西哥城中心往南约八千米处，是一个安静的村庄，历史悠久。它的名字在阿兹特克人的语言那瓦特语（墨西哥土著语）中有郊狼聚集地的意思。村庄的广场是大家都喜爱的集会地，主广场旁边矗立着建于16世纪的圣胡安·保蒂斯塔教堂。教堂周围的土地几乎都用于农业，果园飘香，溪水潺潺，山丘环绕，弥漫着浓郁的乡村气息。公共交通的发展让墨西哥城的居民来往科瑶坎区更为便捷，此处也成了一个休闲胜地。城市里富裕的家庭总会在周末来这儿消遣，远离都市喧嚣，寻找宁静之地。久而久之，有些人便在这儿开始购

上图｜今圣胡安·保蒂斯塔教堂背面一角

下图｜科瑶坎区主广场旁风景

置房产，或休闲度假，或常年居住。[4]

1890年，新的城市发展项目把隶属于科瑶坎区的圣佩德罗·圣巴勃罗大农场改造为卡门街区，计划将这里打造成高档住宅区。新区的街道以欧洲城市或墨西哥独立运动领袖命名。待新区地块划分好和编完号后，中介机构便将这些地推销给富裕的墨西哥城居民。总统波菲里奥·迪亚斯亲自为这个街区的落成典礼揭幕，还以他妻子卡门·罗梅罗·卢比奥的名字为该街区命名。十年后，迪亚斯又捐赠了一座法国制造的报刊亭，这也成为科瑶坎区主广场最亮丽的风景。1900年，墨西哥引进了电动车，城市中心和周围地区的通勤时间因此缩短约一小时。科瑶坎区与墨西哥城的距离，一方面远到足够保持淳朴的乡村气息，一方面又近到足以使居住于此而在城市工作或上学的人可以一天之内往返两地。不过，卡门街区的主要街道直到20世纪60年代才完全铺好。[5]

圭勒莫和玛蒂尔德在卡门街区买了一块1200平方米的地，离科瑶坎区村广场只有几个街区远。房子的设计师是谁已无从得知，但可以肯定的是，出于对建筑的兴趣，圭勒莫对房子的设计有着绝对的发言权。这栋房子采用了传统的墨西哥式平面布局，相邻的房间围绕着一个马蹄形的中央庭院，一堵高墙将这块地和东边的邻居进行了分隔。这虽是一幢单层住宅，但高高的窗户和房子外一丛丛的水蜡树，使它显得格外富丽堂皇。火山岩地基将四米高的外墙抬高了半米之多。墙壁上用石膏贴出水平的花纹和檐口，以作为装饰。法式的对开门窗，铸铁护栏的阳台，都为这个家平添了一份优雅浪漫的气息。一开始，外墙可能是白底或浅

弗里达科瑶坎家中的中央庭院，这也是家人和朋友们的聚会地点

色底的，还带着点儿深色的装饰，后来才换上了特别的深蓝色。[6]

房子的正门朝着朗德街，进去后便是宽敞的前厅，再往里就通向中央庭院了。整幢房子共有四个卧室、一个客厅、一个餐厅、一个厨房以及一个小院子，房子后面的厨房边上还有几个供用人住的房间。在中央庭院的花圃里，一棵橘子树最为显眼。院子四周狭窄的走廊附近还砌着低矮的砖格墙。院子里种满了各种植物，那个时候，植物都还很矮小，因此院子里并没有什么阴凉地。院子四周的墙上悬挂着鸟笼，家里还养了很多宠物狗。圭勒莫一家和朋友们喜欢在庭院里小聚,圭勒莫经常会用相机记录下点滴的相聚时光。而在室内,整个家都配备了当时流行的法式家具。圭勒莫擅长弹钢琴,因此他在房间里摆了一架德国钢琴。此外,他还有很多藏书(他特别喜欢阅读德国哲学家叔本华的作品)。

圭勒莫和玛蒂尔德在一起的第一年,日子过得既快乐又舒适。从他们结婚初期的一张合影可以看出来,二人笑逐颜开,无忧无虑,相亲相爱。还有一些照片则展示了玛蒂尔德和孩子们待在一起度过的单纯快乐的时光。在1905年,他们一家搬到科瑶坎区的新家之后,刚出生几个月的小儿子不幸夭折。两年后,弗里达出生。就在弗里达出生后不久,玛蒂尔德再次怀孕,因此她无法用母乳喂养弗里达,于是他们雇了一位当地的奶妈来照料弗里达,但夫妇俩发现这位奶妈嗜酒,就解雇了她,并重新找了一位奶妈,名叫海拉利亚。海拉利亚以及她的儿子丘乔,也就是弗里达的奶兄,陪伴弗里达一家多年。[7]弗里达出生11个月后,家里最小的妹妹克里斯蒂娜·卡罗出生。随后,弗里达两位最年长的姐姐玛丽亚·路易萨和玛格瑞塔被父亲送到修道院学习,但她们经常会在节假日回来和家人团聚,与同父异母的妹妹们相处融洽。

1910年9月,墨西哥庆祝脱离西班牙殖民统治独立100周年。同月,已掌权30多年的总统迪亚斯为庆祝80岁生辰举办了一系列的官方活动,如庆典表演、游行和新纪念碑——天使纪念碑的落成仪式,这是一座40米高的圆柱,顶端矗立着展翅欲飞的天使女神铜像。很多外国官员也一同参加了这次庆典,并有幸目睹这一盛况,见证了墨西哥发展成为一个欣欣向荣的现代化国家,

圭勒莫的书房

它的首都墨西哥城已经可以和很多欧洲的发达城市相媲美。

当迪亚斯总统还沉浸在百年庆典之中时，国内动乱却已硝烟四起。工人与土地争端由来已久。1906年，在索诺拉州的卡纳尼亚市，大批矿工罢工，反对外籍工人和本国工人收入分配不均。几个月后，普埃布拉州和韦拉克鲁斯州的纺织工人也开始罢工，以反抗恶劣的工作环境。这两场运动都遭到了政府的强力镇压，很多工人在暴力抗争中丧生。在农村，许多土著居民被剥夺了赖以繁衍生息的土地，被迫为大型种植园打工。因为收入太低，他们别无选择，只能以赊账的形式在公司内部商店购买生活必需品，维持生计，从而变得负债累累，愈发贫穷。

弗朗西斯科·伊格纳西奥·马德罗出生于墨西哥北部一个富裕的家庭，他心中满怀希望，渴望利用民主手段对国家进行改革。1910年年初，他尝试在选举中击败当时的总统迪亚斯，但迪亚斯逮捕了他，并宣布自己获胜。马德罗获释后，发布了一项计划，号召举行起义推翻当时政府。起义于1910年11月20日爆发，这也标志着墨西哥革命的开始。在北方的帕斯夸尔·奥罗斯科和潘乔·比利亚以及南方的埃米利亚诺·萨帕塔动员部队，向政府发起战争，以支持马德罗。1911年5月，迪亚斯被迫辞职，逃往法国，直至去世。马德罗随即当选总统，然而他遭到了富人阶级的反对，这些富人阶级都是迪亚斯任总统期间的既得利益者。此外，由于马德罗没有迅速履行自己对曾为他而战的支持者的承诺，对社会改革和土地再分配也犹豫不决，踟蹰不前，因此冲突持续爆发。

左上图｜革命领导者埃米利亚诺·萨帕塔，插图由何塞·瓜达卢佩·波萨达绘制

右上图｜墨西哥革命领导者，包括弗朗西斯科·伊格纳西奥·马德罗、罗尔多弗·菲埃罗、帕斯夸尔·奥罗斯科将军和亚伯拉罕·冈萨雷斯，摄于1910年

    革命开始后，圭勒莫和政府的合作就此停止。随着革命的深入，家里的其他收入来源逐渐消失，家庭经济条件每况愈下。最后，他们被迫抵押房子，卖掉高雅的家具和瓷器，出借房间给租客，但即使这样，他们仍然保留了那架钢琴，以留作念想。

    弗里达对童年最早的记忆就是关于革命的。她记得发生在1913年2月那场尤为血腥的十日悲剧，这导致马德罗遭到暗杀。科瑶坎区是当时革命领导者埃米利亚诺·萨帕塔和贝努斯蒂亚诺·卡兰萨支持者们冲突爆发的地方。弗里达在她的日记中写道："为收留萨帕塔起义军，我的母亲打开家里面向艾伦街的阳台，方便饥肠辘辘的人们以及伤员能爬到阳台上，来到我家的客厅。母亲忙于照顾伤员，还把当时家里仅有的食物玉米片给他们吃。"[8]在科瑶坎区的周五市场上，弗里达和家人会拿着印有革命歌和何塞·瓜达卢佩·波萨达绘制插图的册子去卖，一份一分钱。她还记得当时父母在一旁照看着生意，自己和年幼的妹妹克里斯蒂娜便躲在胡桃木味的壁橱里，唱着革命歌。[9]

克里斯蒂娜是弗里达关系最好的姐妹，也是弗里达众多姐妹里长得最标致的一位。对比之下，弗里达虽不是传统意义上的美人，却夺人眼球。从他父亲早期给她拍的照片就可以看出，弗里达的眉毛既浓且长，一双美目尤为突出，炯炯有神。弗里达性格活泼大胆，是天生的领导者，而更温驯又没那么聪明的妹妹就自然而然地扮演着追随者的角色，尽管后来弗里达谈道："我一直很羡慕妹妹，因为我长得不好看，所以对妹妹一直有着一种复杂的爱慕之情。"[10]她们从小一起在当地上学，结交了很多住在周边的朋友。弗里达虽说天性爱玩，有些淘气，天不怕地不怕，但她也还有着内向敏感的一面。

弗里达6岁的时候，不幸患上了小儿麻痹症。最初发病时，她感到腿钻心的疼，父母只好把她的腿浸在核桃泡的水里，并敷上热毛巾。她为此不得不卧床好几个月。在养病期间，她变得更内向了，甚至自己虚构了一个玩伴。在她的脑海里，她总是跟随着这个玩伴，到幻想的世界里去旅行，她向玩伴倾诉自己的苦痛，和玩伴一起尽情舞蹈，一起开怀大笑。每每这样过后，弗里达才会感觉一身轻松。康复后，她的右腿变得比左腿更细、更短。[11]还是个孩子的弗里达，便知道裹上好几层厚厚的袜子来掩饰自己畸形的双腿。

为了让双腿尽快恢复力量，医生建议弗里达开始康复训练。弗里达的父亲鼓励她要多运动，甚至去做一些女生很少会参与的运动。邻居的小孩总是嘲笑她，还给她起了一个外号——"瘸腿弗里达"。尽管弗里达因为这些话常闷闷不乐，但她不愿表露出来，反而变得更加大胆，以此证明就算自己身体有缺陷，也一点都不落后，比如爬树、翻栅栏，或是在自行车及滑板上做一些高难度的杂技动作。她纤细敏捷，勇敢大胆，后来还拿之前别人嘲笑她的外号作笔名，写信给朋友的落款总是："你的朋友，来自科瑶坎区的'瘸腿弗里达'"。[12]

7岁的时候，弗里达帮自己15岁的姐姐玛蒂塔私奔，当姐姐离开家的时候，她帮着打掩护。玛蒂塔离家整整4年没有回来过，父母因此痛苦不堪。尽管父母从不提姐姐离家出走的事情，但直到有一天，弗里达和父亲一起乘电车的时候，父亲心痛欲绝地朝着她喊叫道："我们怎么都找不到她（姐姐）！"几年后，他们终于找到了姐姐，原来她一直和男友生活在附近，两人还结了婚，但母亲迟迟不肯原谅姐姐，好几年没有和她说话，也不让她进屋。

弗里达的母亲一直坚持让女儿们去教堂做礼拜，这一点让弗里达和母亲之间的关系稍微疏远了一些，因为她认为母亲在宗教信仰上太过热情。她曾表示和母亲是很好的朋友，但信仰上的事情总让她俩之间产生分歧，母亲的信仰已经到了歇斯底里的程度。[13]当一家人在饭前做祷告的时候，弗里达总会和妹妹克里斯蒂娜互相

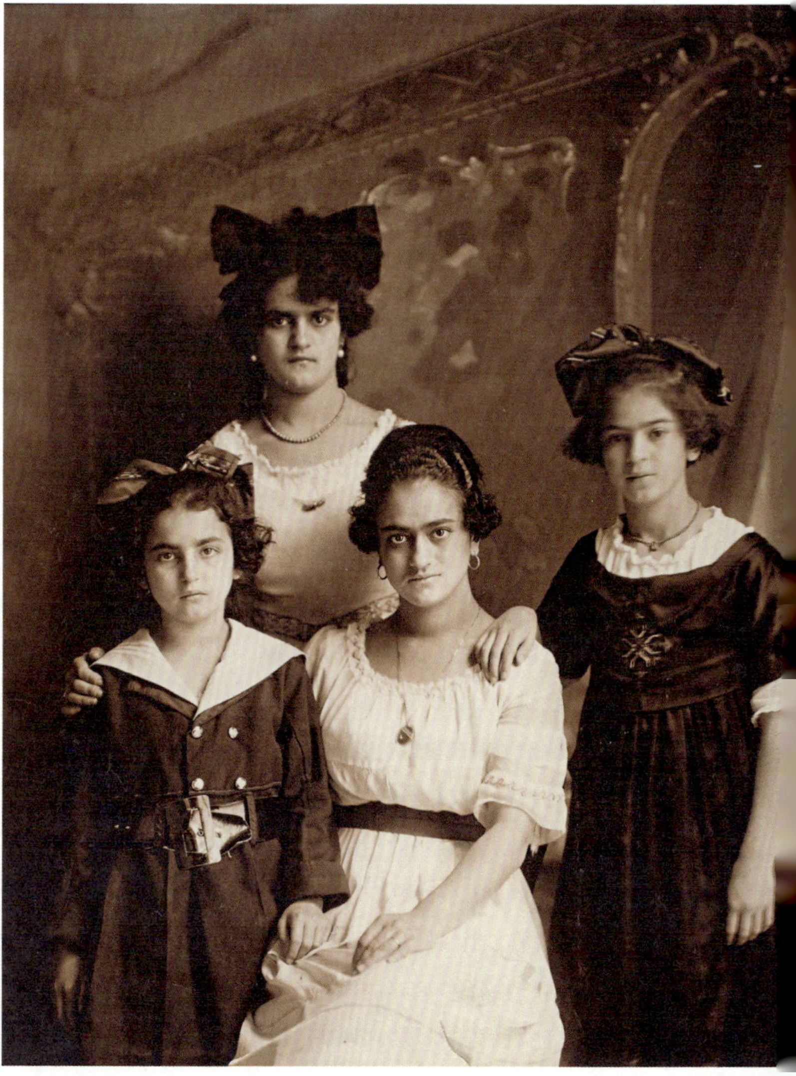

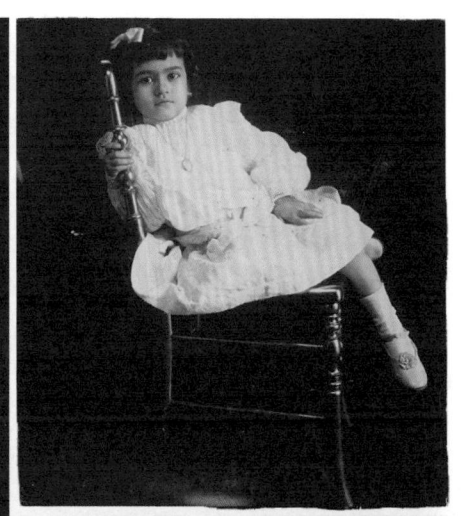

左图｜卡罗·卡尔德隆姐妹合照，从左至右分别是克里斯蒂娜、阿德里安娜、玛蒂塔和十岁的弗里达

右上图｜五岁的弗里达

右下图｜第一次参加修道院集会穿戴整齐的弗里达

做着鬼脸，憋着笑，尽可能不让那些虔诚地低着头的家人发现。两姐妹为了准备她们的第一次圣餐，参加了教义问答班，但是她们经常逃课，溜到旁边的果园，爬到树上偷水果吃，直到下课再神不知鬼不觉地溜回家。

弗里达和父亲的关系更为亲密，圭勒莫在她身上看到了太多自己的影子。尽管父亲有时很严厉，但和弗里达待在一起的时候，总会对她宠爱有加，十分温和，而且喜欢开玩笑，很是幽默。父亲拍照的时候，弗里达就陪着他，在工作室和暗室里帮父亲的忙。父亲也教她摄影，还教她如何用小画笔润色照片。父亲癫痫发作的时候，弗里达总能迅速地做出恰当的护理，确保父亲安然无恙。弗里达还一直保护着父亲的各种摄影设备，防止被盗。

1951 年，圭勒莫去世十年后，弗里达为父亲画了一幅肖像画。画中，父亲坐在自己的相机旁，眼神望向另一边。这幅画是父亲两张自拍照的结合。父亲身后的墙上绘有圆形和点状图案，像是通过显微镜观察到的细胞和精子，这也许就是弗里达对父亲的致敬，致敬父亲在她创作中所扮演的角色，或者也暗示了父亲在艺术方面的高产。在画布的底端，弗里达画了一幅卷轴，上面有一篇献词：这是我父亲威廉·卡罗的肖像，他是匈牙利裔德国人，是一名专业的摄影艺术家。他天性慷慨、聪明、文雅；他非常英勇，患有癫痫 60 年，不但从未停止工作，而且对抗过希特勒。崇拜他的女儿，弗里达。

事实上，献词上的内容并非完全属实，弗里达却让人们以为他父亲是这样的。比如弗里达的父辈与匈牙利并无瓜葛，曾世代

《父亲的画像》，弗里达·卡罗，画于1951年，木板油画，60.5厘米×46.5厘米，现收藏于墨西哥城弗里达·卡罗博物馆

居住在巴登-巴登和普福尔茨海姆（现为巴登-符腾堡州，位于德国）附近地区。弗里达一直断言她的父亲是犹太人，但他父亲在婴儿时期曾于普福尔茨海姆的路德会教堂接受洗礼。[14]同时，也没有证据可以表明圭勒莫参与了政治或做过任何与希特勒对抗的努力。[15]弗里达很可能是为了表明她的家庭与德国纳粹政权无关，而虚构了圭勒莫的出身。关于圭勒莫的另一个谎言是，他是一名无神论者。虽然在信仰方面，他远不如妻子虔诚，但在写给弗里达的一封信中，他还是告诫她："尊重上帝高于一切，因为上帝统治一切（即使很多人并不这么认为）。"[16]

圭勒莫在艺术方面的榜样和指导对培养弗里达的艺术兴趣起到了重要作用。除了拍摄专业照片，他还喜欢用相机做实验，进行自拍。在很多自拍照中，圭勒莫直视镜头，目光坚定无畏，正如女儿将来在她众多自画像中流露出来的目光一样。圭勒莫也是一名业余画家，他喜欢画风景水彩画，摄影工作室的背景图案就出自他的手笔。[17]弗里达经常会为父亲圭勒莫做模特，因此她从小就学会了如何在相机前展现自己。不仅如此，圭勒莫还激发了弗里达的求知欲，并鼓励弗里达去不断探索新的艺术形式。

弗里达在1936年的画作《祖父母、父母和我》中描绘了自己的家庭和出身。在这幅画中，她将自己描绘成一个三四岁的孩子，站在缩小版的自家院子里，父母和祖父母的头像则飘浮在她的上方。这座缩小版的房子十分逼真，有着浅蓝色的墙壁，院子中央还有一棵橘树。弗里达一丝不挂，赤裸着双脚站在中央庭院的绿色草木中。弗里达并没有描绘她成长的村庄，而是将房子置于一处典型的墨西

上图｜科瑶坎拱门，圭勒莫·卡罗摄于20世纪30年代

下图｜《祖父母、父母和我》（又名《家庭树》），弗里达·卡罗，画于1936年，金属板油画和蛋彩画，30.7厘米×34.5厘米，现收藏于纽约现代艺术博物馆

哥郊野的环境中，四周植被稀疏，长着一些当地的植物，包括一棵开花的胭脂仙人掌和一些龙舌兰。在房子的一侧，弗里达画了一个卵细胞，一群精子正朝它奔去，最大的那颗即将进入卵细胞。

在这幅画中，弗里达父母的画像占据了最大的版面，位于画作中心，很像他俩的婚纱照。在母亲玛蒂尔德崭新的结婚礼服上，有一个胎儿，胎儿的脐带连着母亲的腰部。祖父母的头像就飘浮在他们的子孙上面，身边布满了云朵，给人一种安静祥和的感觉。其中圭勒莫父母的画像飘浮在圭勒莫的上方，即画布右上角的海洋上面；玛蒂尔德父母的头像则飘浮在一片山地景观之上。这幅画包含了弗里达诞生和成长的三个时刻：受孕、胎儿和幼儿。值得注意的是，她将墨西哥的土地作为自己出生的摇篮，环绕四周的亲人构成了她的基因库，小弗里达手中握着的丝带代表她的血统，同时这根贯穿画面的丝带也将这些人紧紧地连接在了一起。

尽管这幅画和许多弗里达的画作一样带有自传性，但弗里达的视野远远不局限于此。她精通艺术史，周旋于复杂的艺术家和知识分子之间，并熟知同时代艺术家的作品。虽然弗里达的作品主题大多是她的个人故事，但她同样关注更为广阔的内容，如性别、生育、混血、生命周期和民族主义。当纳粹党人利用宗谱证明弗里达为优等民族时，弗里达的回应却是用家谱彰显自己的多国血统，挑战社会对混血儿的负面看法。与此同时，弗里达又坚定地认为自己就是地道的墨西哥人，她的根在墨西哥，在科瑶坎她出生的房子里。尽管弗里达身在他处，但在她心中，位于科瑶坎的房子始终就是她的家。

CHAPTER
*
2

第二章
墨西哥城的
校园时光

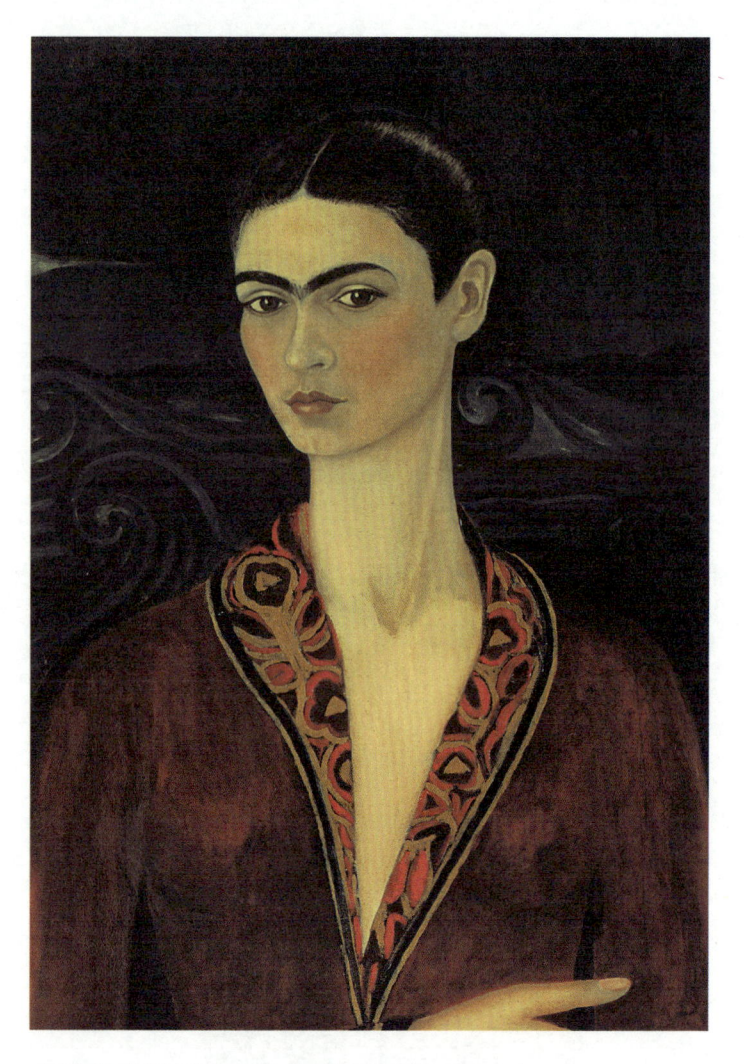

《穿着红色天鹅绒礼服的自画像》细节图,弗里达·卡罗,画于1926年

15岁时,弗里达来到墨西哥国立预科学校学习。从那以后,一个崭新的世界在弗里达面前徐徐展开。在国立预科学校完成为期5年的学习后,弗里达计划进入医学院。尽管她对家庭依依不舍,但求学生涯使她和自己的姐妹们踏上了不同的人生旅程。从此,弗里达的生活不再局限于安静的科瑶坎。像她的父亲一样,每个工作日早晨她都会坐着电车经过农田来到大城市。

国立预科学校是一座18世纪巴洛克风格的建筑,位于墨西哥城中心,距离墨西哥城最大的中央广场只有两条街。这座学校最初是作为耶稣会寄宿学校而建的,不仅有坚固的厚墙,还有宽敞的院子。学校的正面最为壮观,表面覆盖着红色多孔火山岩,对比鲜明的灰色石块装饰着华丽的大门、壁柱和过梁。在学校内部,三层拱形通道围绕着大小不一的院子。弗里达和同学们经常会在一间会议室中参加学生集会。会议室里摆满了来自圣奥古斯丁修道院唱诗班的长椅。这些长椅为红木和雪松材质,雕刻着17世纪流行的华丽花纹。会议室的墙壁上还挂着多幅男性肖像画,以纪念他们在学校发展史上做过的重大贡献。20世纪早期,学校南边又建了两个小院子和一个剧院,延续了原先的建筑风格。

这座久负盛名的预科学校建于1867年,向社会提供高等中学阶段的高质量通用教育(非宗教教育)。墨西哥多位伟大的思想家和领导者都是这所学校的校友。学校最初的课程设计基于奥古斯特·孔德的实证主义哲学,教导学生所有知识都应来源于实际观察。这标志着早期根植于宗教的教育模式发生了深刻的转变。当弗里达踏入学校的时候,新的教育思潮正在不断涌现,很多人开始反对实证主义，支持人文主义。

1882年，该校招收了第一位女学生。但40年后，弗里达入学时，2000名学生中仍只有35位女学生，那时的弗里达留着乌黑的短发，带着自然卷。虽然其他学生并不穿校服，但她坚持穿着传统的女学生服装：白色衬衫，海军蓝百褶裙，头戴一顶绑有蝴蝶结的草帽。尽管弗里达的衣着看上去温柔娴静，但她绝非循规蹈矩之人。女生们不上课的时候，理应待在楼上，但弗里达偏不遵守，这让她的老师很头疼，甚至写信向弗里达的父母抱怨她在学校的种种行径：弗里达总是溜出宿舍，在附近的街角闲逛，还经常和坏学生混在一块儿，老师每每纠正她的行为，她总是满口答应下不为例，却从不付诸行动。[1]

上学期间，弗里达用她的草帽换了一顶针织鸭舌帽，当时她加入了一群因头戴这种帽子而被称为"卡楚恰"的学生组织。在那个人人头戴草帽的年代，戴鸭舌帽象征着他们拒绝一味遵守社会规范的态度。他们是一群博览群书、有政治意识的青少年，同时他们也是一群有着强烈叛逆倾向、喜欢捉弄老师和其他权威人士的"捣蛋分子"。这个小组有7个男孩和2个女孩。弗里达称自己为"卡楚恰9号"。小组喜欢的聚会地之一是在学校附近的伊比利亚美洲图书馆，在那里他们一起阅读，讨论文学和政治，享受思想的碰撞。

不久后，弗里达和该组织的领导人亚历杭德罗坠入爱河。亚历杭德罗年纪轻轻，能言善道，风度翩翩，俊朗非凡。有时两人若不得已短暂分开，就会给彼此写信，信的内容大多是简短地安

左上图｜亚历杭德罗·戈麦斯·阿里亚斯
右上图｜15岁的弗里达成了国立预科学校的一名学生
下图｜墨西哥城的大教堂和国民宫，摄于1926年

排下一次见面的时间和地点,一日不见,如隔三秋。有时不得不长时间分开,他们便会在信中互表思念,互诉衷肠。和亚历杭德罗通信的经历让弗里达开始喜欢写信,她的信件数量不可胜数,这个习惯伴随了她一生。

此时的墨西哥百废待兴。虽然革命给社会带来了巨大的伤害和人口损失,但到最后,墨西哥获颁新宪法,并实现了很多革命性的理想,如禁止高级政府官员连任,确定了工人的权利,将自然资源变成国家财产,限制天主教会的权力,为土地改革奠定了基础。

1920年,阿尔瓦罗·奥夫雷贡当选总统。墨西哥终于迎来了自1910年革命爆发以来相对和平稳定的时期。奥夫雷贡致力于维持社会秩序,并采取了新的经济刺激方式。他为农民重新分配土地,并重建整个国家经济体系。他支持工人,创建了工人组织。

重建和培养一种新的民族认同感及自豪感,是一项艰巨的任务。总统奥夫雷贡任命伟大的哲学思想家何塞·瓦斯康塞洛斯担任新设的教育部部长,在其帮助下,墨西哥开始开展重建民族认同感与自豪感的工作。瓦斯康塞洛斯计划教授所有墨西哥人识字、阅读,广泛传播艺术和文化,从而灌输一种民族自豪感,其中包括对墨西哥土著传统与欧洲影响交融的墨西哥身份的认同,以及对国家所取得的现代发展成就的认同。瓦斯康塞洛斯认为,救赎墨西哥将通过艺术来实现。他印刷发行了大量的经典文学作品,鼓励大众用艺术表达内心,雇佣壁画家在公共建筑上作画,以传达民族自豪感。这些工作加快了墨西哥历史民族特征重新确立的

圣伊德方索学院，1867~1978年更名为国立预科学校

进程。

国立预科学校是壁画项目的试验场。就在弗里达入学的那一年，几位画家来到学校，开始装饰学校建筑的内墙。彼时，学生们因为政治意识强烈，反应不一，很多人不同意瓦斯康塞洛斯普及大众教育的计划，并为学校是这场运动的发源地而感到耻辱。于是画家们成了学生恶作剧的目标，他们的壁画经常遭到污损，人身安全也岌岌可危。一些人开始随身携带手枪，以防御来找麻烦的学生。

瓦斯康塞洛斯委托艺术家迭戈·里维拉在学校新建的剧院里创作了一幅壁画。当时的迭戈在欧洲生活了14年，刚刚回到墨西哥。1910年,他曾回国小住,亲眼见证了革命的爆发,随即又前往欧洲,并在那儿一直待到1921年。这位36岁的画家身材魁梧,卷发乌黑,挺着一个大肚子,两只眼睛微凸;他和蔼可亲,是一个讲故事吹嘘拍马的好手,编的故事绘声绘色,能吸引一众人。弗里达不是唯一一个对他倾心的女孩儿。尽管迭戈的形象与女生追捧的传统万人迷相距甚远,但他很受女性欢迎,甚至在迭戈婚后,还有很多风流韵事的传闻流出。从欧洲回来时,迭戈的政治立场还不明朗,但很快他便加入了墨西哥共产党,成为该党敢于发声的成员之一。

弗里达上学时的志愿是当一名医生,并没有表现出对于从事艺术工作的兴趣。然而,她无限的创造力以各种方式喷涌而出。她在学校的笔记本上涂鸦、画草图,还在给亚历杭德罗的情书及给其他朋友的信上画插图。她送给姑妈一个托盘,上面画着一幅罂粟花的静物画。她还写诗,有一首发表在了《世界报》上。除此之外,她为迭戈·里维拉神魂颠倒。

毫无疑问,弗里达对迭戈的迷恋是因为迭戈身上的艺术气息、政治主张和他所散发出来的魅力。一有机会,弗里达就会跑去看他。那段时间的两张未注明日期的手写便条表露了她的心意。弗里达在一张给同学阿德丽娜·曾德加斯的便条中写道,这位"大腹便便的天才"承诺会为她解读他的作品和这幅壁画中的人物原型,弗里达希望阿德丽娜和她一起去。[2] 另一张便条是弗里达写给母亲的,说她要在学校待到很晚,因为迭戈·里维拉要开一个分享会。有趣的是,为了解释她有兴趣参加这次会议的原因,她故意欺骗了母亲关于迭戈的情况，说："我知道他来自俄国，我想了解俄国。"[3] 事实上，迭戈那时还没有去过俄国（他 1927 年才去了俄国），但他已经和一个俄国女人结婚十年，还会说一点俄语。[4] 迭戈喜欢夸夸而谈的一贯作风，很容易就让人们对他在那个年代参与了俄国革命深信不疑，实际上，他在欧洲一边过着放荡不羁的生活，一边挥毫创作。弗里达后来解释："人们一说到迭戈要从俄国回来，要做关于俄国戏剧和艺术的演讲，我就会放下手中任何事情，不顾一切地去参加。"

预科学校剧院的壁画是迭戈的第一幅作品，他把它命名为《创造》。这幅壁画就挂在拱形舞台的后墙上，舞台中央放着一个壁龛，里面有一架标志性的风琴。迭戈在欧洲的经历对他的创作和风格产生了深刻的影响。这幅作品体现了基督教的象征意义，完全切合瓦斯康塞洛斯所想：人类的本性可以通过文化和艺术得到改善。但最终迭戈对这幅壁画并不满意，此时他还没有找到属于自己的独特的墨西哥风格。

与其他壁画家不同的是，迭戈在他的作品中描绘了现实生活中可辨认的原型。他特意加入了代表欧洲人和土著后裔的模特——他的妻子卢佩·马林在这幅壁画中为三个不同的人物当模特，其中包括夏娃的裸体。卢佩又高又壮，一双绿色的眼睛炯炯有神，脾气火暴，她的形象在迭戈眼中代表着理想型的女性美。[6] 1922 年 6 月，就在迭戈开始创作壁画前不久，他们在教堂举行了婚礼，随后育有两个女儿。这是迭戈人生中的第二段婚姻。他还住在欧洲时，就和俄罗斯艺术家安吉丽娜·贝洛夫有过一段十年的婚姻。

《创造》,迭戈·里维拉,画于1922年3月,壁画,利用蜡和金叶作为材料,708厘米×1219厘米,现收藏于墨西哥国立预科学校玻利瓦尔圆形剧场

弗里达和她的朋友们很喜欢捉弄这位"大腹便便"的壁画家。迭戈那庞大的体型坐在脚手架上,就像深陷其中一般,很容易成为视觉的焦点。他们把肥皂涂抹在台阶上,想让他滑倒,但他步伐缓慢,从没摔倒过。有传言称,他与自己的模特之一、倡导自由恋爱的艺术家纳慧·奥林有染。[7]当迭戈和纳慧私会时,弗里达就躲在一个黑暗的角落里大喊"卢佩来了",以此来吓唬他。但是有一天,一群同学聚在一块儿讨论他们对未来的期望时,弗里达毫不掩饰地对同学们说,她计划和迭戈生一个孩子。当然,她的朋友们对她那荒唐可笑的声明一笑置之。

在迭戈的自传中,他记得弗里达是来看过他工作的,他回忆说他和卢佩在剧院时,弗里达走过来问自己能否看他画画。"她有一种不同寻常的高贵,而且很自信,眼睛里散发着一种奇怪的火焰。她那时有着专属于孩子的天真纯美,但胸部发育很好。"迭戈说他一点也不介意,弗里达就坐着目不转睛地盯着他看了好几个小时,甚至惹得卢佩吃醋,勃然大怒。[8]

迭戈的壁画于1923年3月完成。不久以后,他便加入了一个由技术工人、画家和雕塑家组成的艺术团体,西克罗斯、奥罗斯科、格雷罗和姆里达也在其中。他们所坚持的一些理念包括从土著人民那里汲取艺术灵感、重视公共纪念性艺术而非架上艺术等。他们认为架上呈现的艺术是一种资产阶级、个人主义的艺术形式,他们与工人阶级站在一条战线上,得到的工资也应该和房屋油漆工一样。团队宣言提倡:"墨西哥人民的艺术是世界上最有益精神健康的表达形式,这一传统是我们最大的财富。它之所以伟大,是因为它属于人民,这就是为什么我们的基本目标是必须把艺术创造变得社会化,并且要消灭资产阶级个人主义。"[9]

卡罗家族的财政状况并没有随着革命的结束而改善。圭勒莫继续拍摄建筑物和风景的照片,也拍摄一些肖像照,但一直没有接到大单子。弗里达经常会去父亲的工作室帮忙,放学后,她就去那里做作业,帮助圭勒莫完成各种任务。但很快,她便发现,她需要找一份工作,为家里分忧。她把目标锁定在可以放学后和假期做的工作。她在药店打过工,甚至在一个木材场做过清点横梁生产数量并记录其颜色和质量的工作。她还学习过打字和速

迭戈·里维拉，摄于1929年

记，希望能找到一份秘书的工作。17岁时，弗里达开始在父亲的朋友费尔南多·费尔南德斯的工作室里做雕刻学徒，她的工作能力和艺术才华令费尔南多赞叹不已，印象深刻。他写道："我把一本复刻了安德斯·佐恩作品的书交到她手里，她看了几眼，就能直接用笔画出来，我真的对这位非凡艺术家的才能感到震惊……"[10]这份工作只持续了几个月，弗里达就遭遇了意外，这场意外也让弗里达的人生轨迹自此改变。

1925年9月17日放学后，弗里达和亚历杭德罗在市中心散步。那是墨西哥独立日的第二天，街上仍有不少售卖爱国用品的摊位。弗里达买了一个传统的木制杯球玩具"巴莱罗"（Balero）。后来，他们上了一辆去科瑶坎区的公交车，弗里达突然发现她把伞落在了摊位上，因此他们下车，回去找伞，但并没有找到，于是他们又登上了另一辆公交车。那时墨西哥城刚引进公交车，大家还觉得这是一个新奇事物。相对于20世纪初出现的有轨电车，许多人更喜欢公交车。公交车外部看着光鲜亮丽，其实结构很脆弱，内部两边都有长木凳。当时车上非常拥挤，不过弗里达和亚历杭德罗依然艰难地在车的后部找到了一个座位。

汽车开到圣胡安市场前，一辆电车偏离了轨道，直冲着他们坐的公交车驶来，那情形就像电影里的慢镜头，最后将他们的车撞向了大楼的拐角处。电车在碰撞后发生扭曲，最后在突然的爆炸中四分五裂。碰撞刚发生的时候，弗里达并不知道自己的伤势有多严重。她最初还想着要去找她随身带着的色彩鲜艳的巴莱罗，突然一个金属扶手猛地刺穿了弗里达的腹部。不知怎的，她的衣服在事故中脱落了，另一名乘客携带的一包金粉由于冲撞而裂开，并覆盖在了她赤裸的身体上。她轻盈柔软的身体闪着金光，看上去异常高贵，路人一边心疼着，一边惊叹她如舞者般的优雅。一名男子注意到弗里达的腹部被金属杆刺穿且伤势严重，于是赶紧采取急救措施。他用两只手抓住金属杆，膝盖抵在她的胸前，粗暴地将金属杆取了下来。弗里达开始痛苦地尖叫，声音淹没了救护车的警报声。[11]

一些乘客当场死亡，更多的人身受重伤。由于弗里达伤势严重，医护人员选择先照顾那些生存机会更大的人。亚历杭德罗在车祸中只受了轻伤，他恳求医生先为弗里达做检查。医生检查后发现弗里达的情况非常糟糕——脊柱和骨盆多处骨折，锁骨、两根肋骨和右腿严重折断，左肩脱臼。随后，弗里达被送往离事故现场只有几个街区远的圣赫罗尼莫街的红十字医院进行抢救。

虽然弗里达的姐姐玛蒂塔在家里仍不受欢迎，但她每天会来医院看望弗里达。她给护士帮忙，时不时为弗里达及其他病人讲故事和笑话，使他们放松不少。弗里达的父母因为健康问题极少来探望她，她的母亲开始有类似于她父亲的癫痫病症状。弗里达说，当母亲听到她的事故后，一个月都说不出话来，因为事故让她大受惊吓。在弗里达住院期间，母亲来探望过她两次，而父亲只探望过一次。[12]

在弗里达恢复期间，一位医生告诉她，由于骨盆受损，她将永远无法生育。而弗里达却骗自己说她住院是因为怀孕了，她生了一个叫莱昂纳多的男孩。同时，她伪造了一份假的出生证明，声称自己是这个虚构孩子的母亲，并幻想亚历杭德罗·戈麦斯·阿里亚斯和伊莎贝尔·坎波斯是这个孩子的教父母。[13]这段住院经历影响了后来弗里达对于生育的选择和想法。

在医院住了一个月后，弗里达回到家里继续卧床休养。在家里休息比在医院里舒服多了，家人每天还可以把她的床搬到外面，这样她就可以在院子里享受新鲜的空气和阳光。虽然弗里达的父母和姐妹都很关心她，但她觉得他们不理解甚至不相信她内心的痛苦。她的母亲似乎是唯一懂她的人，但家人担心母亲的健康问题，敦促弗里达不要向母亲倾诉。除了持续不断的疼痛，弗里达感到孤独和无聊。弗里达的朋友们曾到离学校不远的医院探望过她，但对他们来说，科瑶坎离学校太远了。为了分散注意力，弗里达只好读书、学习、写信，主要是写给亚历杭德罗，也有其他的朋友们。在父母的帮助下，弗里达开始用画画来打发时间。父亲给了她颜料，母亲为她订购了一个特殊的画架，让她能够躺着作画。他们还在她的床罩上挂了一面镜子，这样她就能对着镜子画自画像了。

弗里达不喜欢用颜料来描绘那起事故，因此她画了一幅素描，以此记录那次无法磨灭的碰撞。画中，她躺在地上，几乎满身都是石膏。11月中旬，弗里达的父母在科瑶坎的圣胡安·保蒂斯塔教堂为她举行了弥撒，感谢她的生还。弗里达后来发现了一幅还愿画，描绘了一个与她的意外惊人相似的场景。弗里达对这幅画进行了修改，使其更符合自身情况。她在女孩的前额上画了一条像她一样连成一条线的眉毛，并在公交车的一侧写上"科瑶坎"。

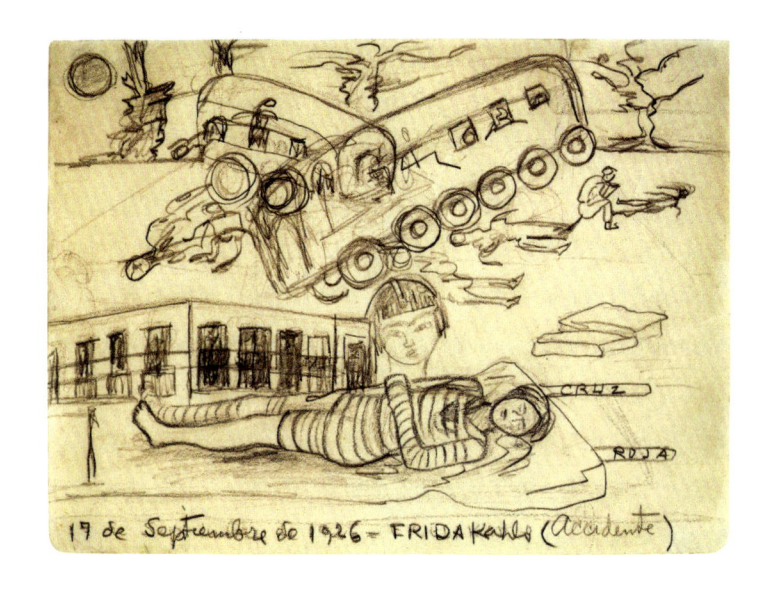

《事故》，弗里达·卡罗，画于1926年，铅笔素描，20厘米×27厘米，现藏于库埃纳瓦卡，由胡安·拉斐尔·科罗内尔·里维拉收藏

她还在原铭文上加了一行字："圭勒莫·卡罗和玛蒂尔德·卡尔德隆·卡罗夫妇感谢《悲伤圣母》让他们的女儿弗里达从1925年发生在街角的事故中死里逃生。"这种类型的还愿画，是一种流行的宗教艺术形式，为了感谢圣人，包括感谢圣母玛利亚的祝福以及创造的奇迹，它同样可以被认为是一种以绘画形式表达感恩和奉献的祈祷。事件被描绘在中间，介入的圣人通常出现在画面的上半部分，在底部还会有一条书面信息，以解释奇迹是如何发生的。此类绘画通常被画在既便宜又耐用的小锡片上。这种艺

术形式虽起源于欧洲，但在墨西哥的殖民时期盛极一时。弗里达后来在她的作品中广泛运用了还愿画的元素，并在她的墨西哥身份和个人经历之间建立起了联系。

事故发生仅三个月后，弗里达就恢复了正常活动。1925年12月，她写信给亚历杭德罗，说她去墨西哥城找过他，但他不在那里。[14] 她缺席了几个月的学校生活，并且此后再也没有回去过。昂贵的医疗费使弗里达本已困难的家庭雪上加霜，因此她不得不放弃成为一名医生的梦想，继续在父亲的工作室里帮忙，同

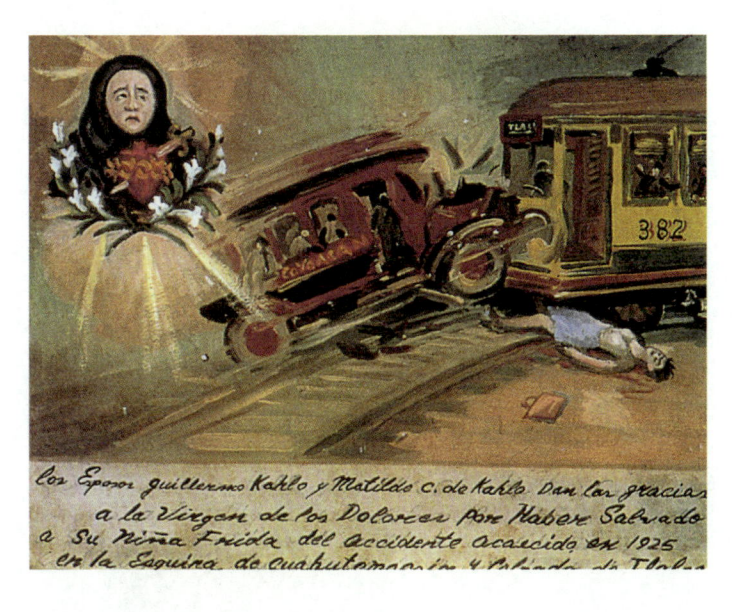

《晚期》，弗里达·卡罗，画于1943年，金属板油画，19厘米×24厘米，私人收藏

第二章 墨西哥城的校园时光

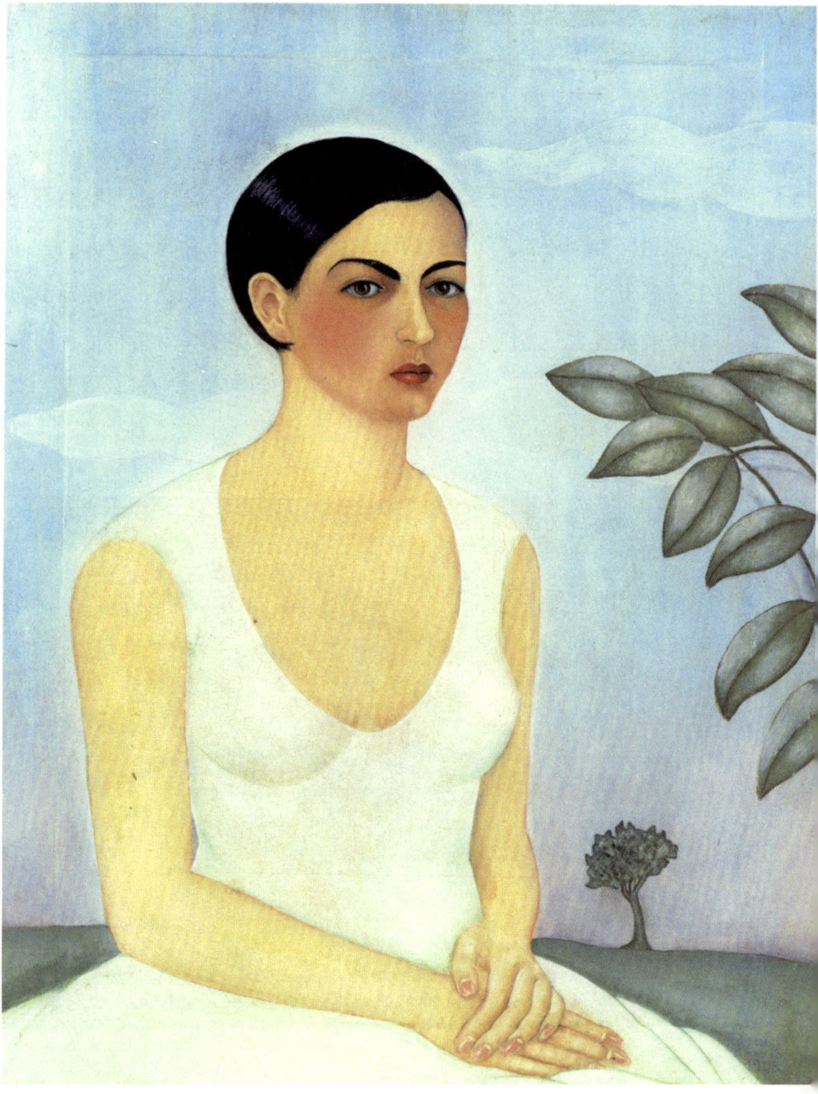

对页图 |《我的妹妹克里斯蒂娜》，弗里达·卡罗，画于1928年，木板油画，99厘米×81.5厘米，私人收藏

上图 |《另一个》，弗里达·卡罗，画于1925年，铅笔淡彩，17.5厘米×24厘米，特拉斯卡拉州政府文化研究所，现收藏于特拉斯卡拉州艺术博物馆

时不停地寻找工作，希望可以帮助家里还清债务。然而，弗里达太过仓促地恢复正常的生活，致使她在几个月后旧病复发，严重到不得不再次卧床休息。可能是之前红十字医院的医生没有对她的脊柱做过 X 射线检查，又或是她的家人经济能力不足以负担起医院推荐的检查，这次她被查出脊柱有三个椎间盘发生了错位。

在接下来的两年里，弗里达花了大量的时间接受治疗以矫正脊柱，这个过程宛如炼狱，使她痛不欲生。她穿了几个月由石膏、皮革或金属制成的紧身衣。有一次，她被吊了两个半小时，直到医生完全将石膏打在她的腰部,然后,她又不得不再踮着脚尖两个多小时,直到石膏干透。令人沮丧的是,回家后她发现石膏仍然是湿的。[15]医生警告她,如果束身衣和其他疗法均无效,那么她很可能还要接受手术。[16]

弗里达继续写信和画画。1926年夏天,她创作了一幅《穿着红色天鹅绒礼服的自画像》作为礼物打算送给亚历杭德罗。在给亚历杭德罗的信中,她称这幅作品为"你的波提切利"(译者注:文艺复兴时期的伟大画家)。这幅画无疑受到了文艺复兴的影响。弗里达在这幅自画像中描绘了自己优雅的容貌、长长的脖子和纤细的双手,同时照片中央的人物从波涛汹涌的大海及深灰色天空的黑暗背景中脱颖而出,散发出耀眼的光芒。同年9月,她在画上署名,并在画作背面用德语写了"今日永续"。当弗里达把画交给亚历杭德罗时,她希望他可以把画挂在一个较低的地方,这样当他低头看画的时候,就好像是在看向自己一样。

1927年3月,亚历杭德罗动身前往欧洲进行一次长期旅行,弗里达却几乎只能躺在床上,她不禁对自己的不佳境遇感到绝望。除了身体上的折磨,弗里达还感到压力重重,无以自解。她非常担心父母的健康:母亲在一个月内七次发病,父亲也身感不适。此外,家里经济每况愈下。弗里达感到完全无能为力,她只能画画,希望以此为家庭平添一份微薄之力,而不是成为家庭的负担。

早些年,弗里达尝试了不同风格的绘画。她画过几幅描绘科瑶坎户外景色的水彩画。她的水彩画透着一股淡淡的古雅风格,让人不禁想起附近出售龙舌兰酒(一种由发酵的龙舌兰花蜜制成

《穿着红色天鹅绒礼服的自画像》,弗里达·卡罗,画于1926年,布面油画,80厘米×60厘米,私人收藏

的饮料）的酒馆墙上的壁画。她也为家人和朋友们画肖像，她的姐妹阿德里安娜和克里斯蒂娜，以及她的朋友艾丽西亚·加兰特、露丝·昆塔尼拉、杰西·里奥斯和米格尔·里拉都是弗里达描绘的模特。其中，里拉的画像因在风格和构图上更具实验艺术性而独树一帜。里拉是一位诗人，同时也是弗里达在卡楚恰组织的同僚，他让弗里达为他画一幅肖像画，并要求画面背景是"戈麦斯·塞尔纳风格"的。[17]他所说的戈麦斯·塞尔纳是一位先锋派的西班牙作家，或者更明确地说，他想要的是1915年迭戈·里维拉对这位西班牙人的立体主义描绘风格。画中人被能唤醒他文学细胞的物体所包围着。里拉画像的背景充满各种象征性的符号：一位天使、一台和他名字一样的里拉琴、一本拿在手里写有单词"Tu"（里拉第一本诗集的名字）的书，以及其他一些难以解释的符号，但对弗里达的朋友来说，这些符号可能是显而易见的。弗里达对这幅画并不满意，认为它看起来就像"一个纸板刻出来的"，毫无生机，她不明白为什么里拉会喜欢。但这幅作品可以看作是弗里达后来肖像画及自画像的先驱，在这些肖像画中，她以一种微妙的方式融入了符号，并巧妙地将符号与主题及背景以一种不经意的方式融合在一起。

弗里达的画作《卡楚恰咖啡馆》（又名《潘乔·比利亚和阿狄丽达》）尚未完成，也没有注明年代，但很可能是她在1927年前后画的。弗里达出现在画作中央，身穿一件迷人的露肩礼服，一头秀发从中间分开，高雅端庄。她坐在桌旁，头顶上挂着三幅革命时期的照片。这一场景是以倾斜的视角呈现的，她头部两侧

《米格尔·里拉肖像画》，弗里达·卡罗，画于1927年，木板油画，106厘米×74厘米，特拉斯卡拉州政府文化研究所，现收藏于特拉斯卡拉州艺术博物馆

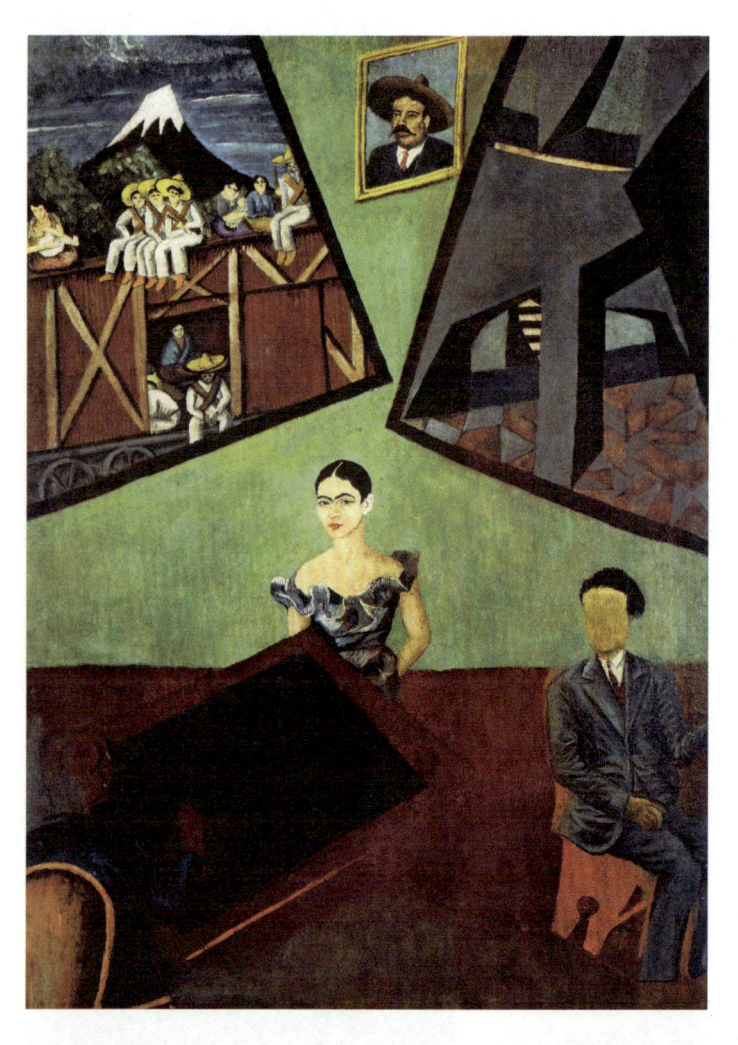

《卡楚恰咖啡馆》，弗里达·卡罗，画于1927年，布面油画，65厘米×45厘米，特拉斯卡拉政府文化研究所，现收藏于特拉斯卡拉州艺术博物馆

弗里达18岁时的照片,圭勒莫·卡罗摄于1926年

的照片均以奇怪的角度陈列在画面上方,陈列在画面上方的还有一幅画,描绘的是革命家潘乔·比利亚。和弗里达一起坐在桌旁的是她在卡楚恰组织的同僚。在这里,弗里达把自己描绘成了一位年轻现代的女性,是由艺术家和知识分子组成的咖啡馆文化的一部分,这种环境和氛围是弗里达在疗养期间被迫离开却又渴望回到的世界。这张照片与弗里达后来对自己现状的描述形成了鲜明对比。

亚历杭德罗从欧洲回来后,他们又如胶似漆地走在了一起,这段恋情一直持续到 1928 年初。亚历杭德罗爱上了他们共同的朋友埃斯佩朗莎·奥多涅斯,并与弗里达结束了恋爱关系,但他们一直是朋友,弗里达也会继续写信给他,讲述最近发生的重大事件,分享她的想法。亚历杭德罗依然会小心翼翼地保存弗里达的所有信件以及她给他画的自画像。值得庆幸的是,在与亚历杭德罗分手后不久,弗里达找到了另一个占据她时间和心扉的人。

CHAPTER
*
3

第三章
不登对的一对

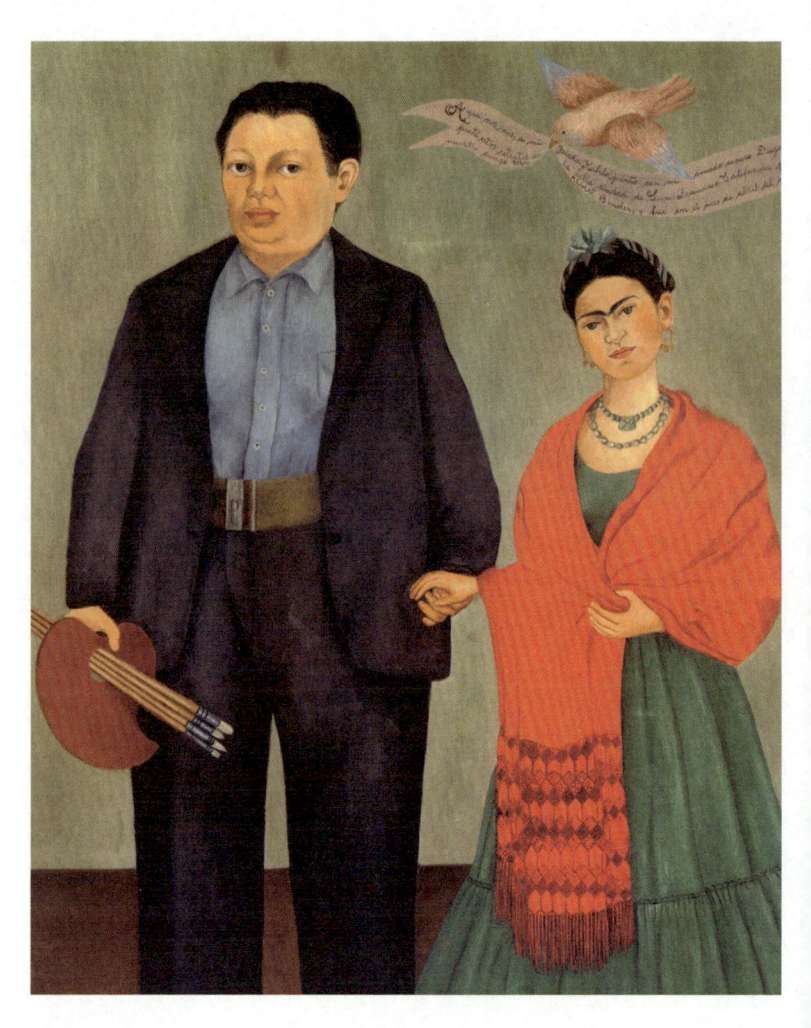

《弗里达和迭戈·里维拉》细节图,弗里达·卡罗,画于1931年

弗里达一直没有从交通事故中完全康复。这次伤病加上以前的身体问题，让她的健康反复亮起红灯。[1]虽然腿和背部会不时地疼痛，但她享受了几年的自由活动和相对健康的身体。在这几年里，她开始深深地投入自己所热爱的绘画、政治以及与和迭戈·里维拉的关系。

弗里达康复期间，墨西哥的政治气候发生了很大变化。奥夫雷贡总统任期结束后，普卢塔科·埃利亚斯·卡列斯就任总统。起初，他的政策与前任总统非常相似，但很快他便表现出对教会、工党和左翼越来越苛刻的一面。虽然宪法中包含了一些反宗教的条款，但事实上奥夫雷贡并没有强制执行，而卡列斯却一条条都做到了：1926年，卡列斯颁布《卡列斯法》，禁止公众礼拜，要求神职人员向政府登记，解散修道院，禁止开办宗教学校。为了抗议，主教们下令抵制政府。天主教信徒响应"救世主万岁"的号召，在哈利斯科、瓜纳华托、杜兰戈、米却肯、萨卡特卡斯和科利马等地发起了武装反抗。这场冲突后来被称为"墨西哥基督战争"。

与此同时，弗里达的家庭也发生了天翻地覆的变化。弗里达的妹妹克里斯蒂娜在科瑶坎集市上遇到了一个英俊的墨西哥牛仔，随后与之结婚，后来育有两个孩子：女儿伊索尔达和儿子安东尼奥。她是卡罗姐妹中唯一有孩子的一位。不幸的是，她的丈夫酗酒，还是一个好色之徒，克里斯蒂娜毅然决然地离开了他，并带着孩子回到了父母家生活，孩子由姐妹们帮助照看。弗里达和她的外甥女、外甥关系特别亲密，她一生都很疼爱他们。

作为一个年轻人，弗里达尝试了不同风格的服装。她清楚地意识到服装在塑造身份方面的力量，她喜欢发表自己的看法，甚至喜欢用不同的装束让人大吃一惊。在一些家庭照片中，有时她会穿着一件朴素的深色连衣裙，胸前佩戴一个巨大的十字架；在另一些照片中，她又会穿着男人的三件套西装，头发向后梳着，手持手杖，自信洋溢；有时，她还会穿着低胸的时髦洋装，帅气逼人。那时传统印第安服装还未成为弗里达的标志，她喜欢穿上不同风格的着装来表达自己的内心。她会穿上工人的服装，以表明她与共产党之间的联系。

虽然弗里达再也没有恢复学业，但她仍然和学校的几个朋友保持着密切友谊。她的密友之一——德国人坎博参与了左翼政治党。通过坎博，弗里达认识了摄影师蒂娜·莫多蒂，并与之成了朋友；很快，弗里达又邂逅了迭戈·里维拉。莫多蒂出生于意大利，比弗里达年长约十岁，十几岁时移民到美国。她曾做过模特和无声电影演员，后来与摄影师爱德华·韦斯顿陷入爱河。韦斯顿是她的导师，教她摄影。1923年，韦斯顿离开妻儿，和莫多蒂移居墨西哥。他们在墨西哥城建立了一个肖像工作室，并在波希米亚人的圈子里经营。作家安妮塔·布伦纳就曾委托他们为自己的图书《祭坛后的偶像》拍照，那是一本关于墨西哥艺术和历史的图书。1926年，韦斯顿和莫多蒂开始了他们的摄影之旅，在基督战争肆虐的年代，他们穿越了墨西哥的乡村。这次旅行使莫多蒂体会到墨西哥大多数人的艰难生活，并开始致力于为他们争取权益的斗争，希望以此可以帮助鼓励他们建立事业、改善生活。后来，

卡罗家族合照，1926年圭勒莫·卡罗摄于科瑶坎

弗里达·卡罗和她的朋友，蒂娜·莫多蒂摄于1928年

韦斯顿回到美国和他的家人一起生活，莫多蒂留在了墨西哥，继续从事她的摄影工作。1927年，莫多蒂加入共产党，成为共产党的非官方摄影师，拍摄党内活动以及迭戈·里维拉等重要艺术家的壁画。

那是一个激进主义的时代。莫多蒂的社交圈，让弗里达接触到了一种波希米亚式的生活方式，这种生活方式与她从小接受的保守价值观相悖。1928年，弗里达加入共产党。她说，目睹革命以及与母亲在信仰宗教上产生分歧的经历，使她产生了左翼意识形态。莫多蒂经常举办一些艺术家和知识分子的聚会，他们在交流自己的想法时吵哄哄的。先不论弗里达是否喜欢参加这样的聚会以及聚会的氛围，但在一次聚会上，弗里达再次遇到了迭戈·里维拉。当迭戈对周围响起的音乐感到恼火时，他居然掏出随身携带的手枪，对着留声机乱开了一枪。他那肆无忌惮的行为既让弗里达感到害怕，又引起了弗里达的兴趣，于是她决定要再次走近他。

自从弗里达几年前认识迭戈以来，迭戈一直全身心投入工作。在国立预科学校完成壁画后，他立即着手下一个任务，在几个街区之外的教育部大楼的墙上作画。他以劳动、农业、民间传统和政治改革为主题，在围绕着两个庭院的走廊和楼梯井上创作。当迭戈刚完成工作的一半时，聘用他的瓦斯康塞洛斯突然辞去了教育部的职务，而新上任的官员们想把迭戈赶走，不过当时国外同行对迭戈的好评促使他们重新考虑自己的立场，决定让他留任。

卡列斯政府时期，没有哪个壁画家能像迭戈一样为政府干活，有稳定的工作来源。他还接受了另一项工作，在国立农业学校位于查平哥的新校舍里画壁画。由于新的校舍修建在以前的一个庄园上，因此迭戈不得不在教育部和庄园之间两头跑，他通常每天都要工作很长的时间。有一次，他工作了一整夜，居然在脚手架上睡着了，还不小心把头盖骨摔裂了。迭戈的妻子卢佩以为他是夸大其词，但听完医生的诊断，不禁对他怜爱有加。

身怀第二个女儿的卢佩，为迭戈当模特，帮助迭戈完成了要摆在查平哥小教堂里象征肥沃土地的雕像,但随即她发现迭戈还雕刻了几个以莫多蒂为模特的女性雕像,这才得知迭戈和莫多蒂有过一段短暂的地下情。这成为压倒卢佩的最后一根稻草,他们的婚姻不久后走到了尽头。1927年,迭戈应邀参加俄国十月革命十周年纪念活动,当他回来的时候,卢佩和诗人豪尔赫·库斯塔斯已经陷入爱河,随后两人结婚,迭戈则回到了工作岗位。虽然婚姻从未束缚过他,但他更乐得利用单身的优势,沉迷于肉欲狂欢。

就在此时,弗里达找到了他,并在迭戈忙于完成教育部委派的工作期间一步步地接近他。弗里达会大胆地呼唤迭戈,让他从脚手架上下来,看看她带来的几幅画,并请他说出自己真实的想法。她对空洞的恭维不感兴趣,只是想知道自己的作品是否足够好,能否让她有一天能通过艺术之路谋生。迭戈为这个女孩不拘小节的魅力所倾倒,同时对她的作品印象深刻。她在画布上展现出一种不同寻常的表现力——对人物性格能精确地描绘,并透着纯粹简练之美。一般初学者都会雄心勃勃地以原创性的名义炫耀各种技巧,弗里达却不屑一顾,并没有这样做。[2] 迭戈告诉弗里达要继续坚持画画,弗里达邀请迭戈到她家里去看她更多的作品。下一个周日,迭戈到科瑶坎拜访了卡罗一家,这就是他们爱情的开始。弗里达回忆道:"我会在下午去看他画画,然后他会坐公交车或开着车——他的一辆小福特——送我回家,然后再亲吻我。"[3]

弗里达曾一度考虑往壁画方向发展,但迭戈劝阻了她,建议

《公交车》，弗里达·卡罗，画于1929年，布面油画，26厘米×55.5厘米，现收藏于墨西哥城多洛雷斯·奥尔梅多博物馆

她要寻找真正属于自己的艺术表达方式。除了壁画，迭戈十分鼓励和支持弗里达去追求自己的艺术之路。迭戈之前从未问过别人对他作品的看法，但他问了弗里达这个问题。他重视她的意见，并牢记在心。和迭戈在一起的那段时间里，弗里达的作品受到了迭戈的影响，开始表现更多的和墨西哥相关的题材。她创作了《公交车》《弗吉尼亚肖像画》和《两个女人》，在这些画作中，迭戈的影响可见一斑。弗里达的绘画风格很容易让人联想起墨西哥的民间艺术，和她早期作品相比，这个时期的作品色彩更鲜艳，线条更圆润。

在《公交车》这幅作品中，弗里达描绘了一个她非常熟悉的场景：一排人坐在公交车内的一条长板凳上，公交车正穿过一片

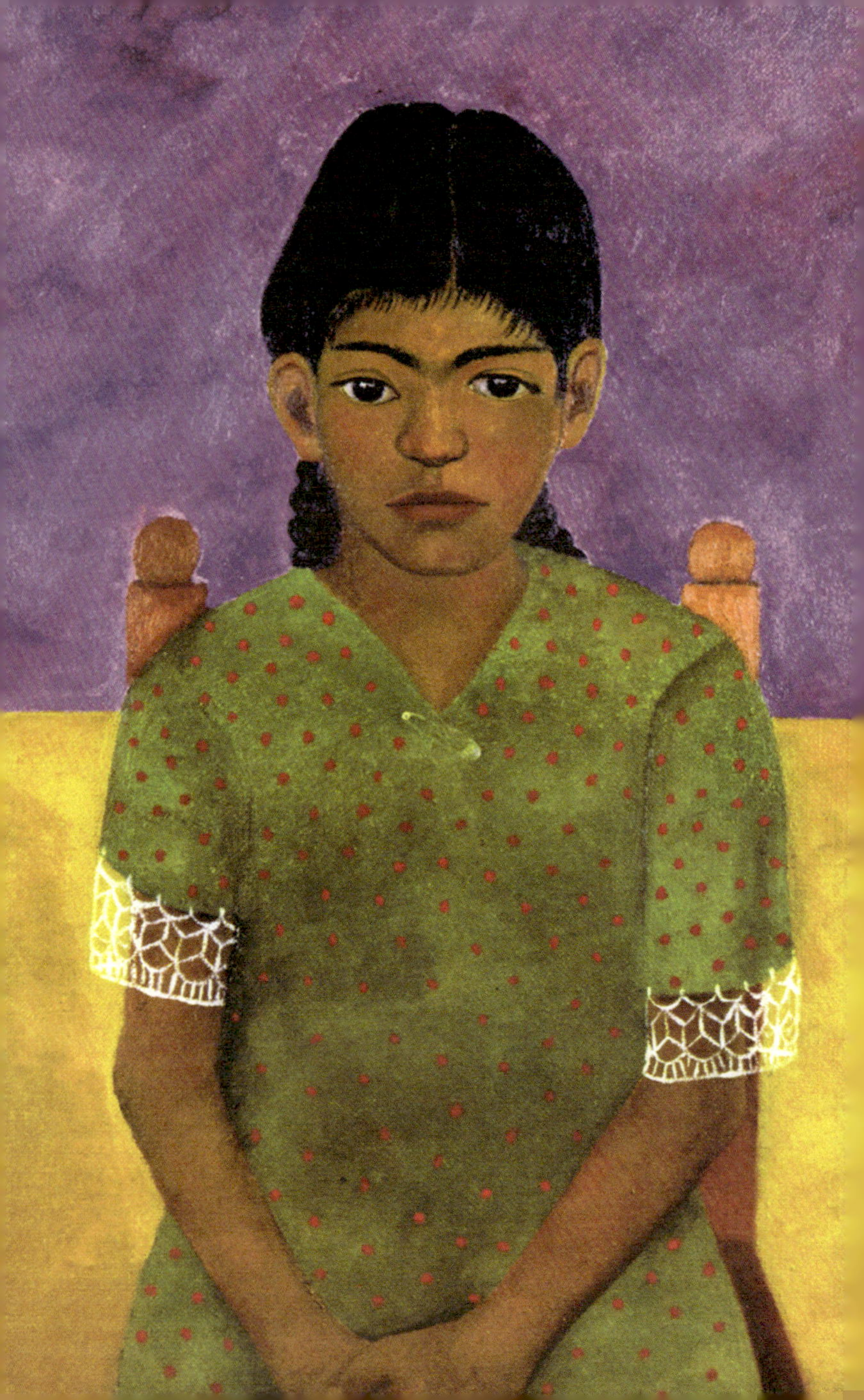

田园，前往工厂区，浓烟从烟囱里滚滚而出。像迭戈的画一样，她在画中展现了不同种族和阶层的人，以暗喻墨西哥社会：一个拎着菜篮子的中产阶级家庭主妇，一个穿着牛仔背带裤拿着扳手的工人，一个给包裹在披肩里的婴儿哺乳的赤脚农妇，一个看着窗外的小男孩儿，一个拿着一袋钱的商人和一个戴着围巾、穿着时尚的年轻女人。[4] 弗里达将这些墨西哥社会的典型代表人物友好地描绘在了同一个场景中，这是一个令人愉快的画面，是她捕捉到的日常生活中的瞬间。然而，只要了解她所遭受的事故，就能明白这幅画背后所传达的隐含信息：幸福会在眨眼之间倾覆为悲剧。

迭戈将弗里达的形象呈现在教育部三楼的一幅壁画上。在一个名为"革命歌谣"的系列中，《分发武器》展现了弗里达向参与革命斗争的人民分发武器的场面，她身穿一件胸前印有一颗星星的红色衬衫出现在画中央。迭戈经常把卢佩描绘成具有女性美的象征，却把弗里达描绘成了社会变革的积极参与者。迭戈还把莫多蒂和她的新情人、古巴流亡人士胡里奥·安东尼奥·麦拉也画进了同一幅壁画中。麦拉是一名学生领袖和共产主义者，他试图组织推翻格拉多·马查多将军的古巴政府。1929年初的一个晚上，在和莫多蒂外出散步时，麦拉中枪身亡。墨西哥政府指控莫多蒂是杀害麦拉的同谋。迭戈和弗里达都为她写了保证书，莫多

对页图｜《弗吉尼亚肖像画》，弗里达·卡罗，画于1929年，木板油画，77厘米×60厘米，现收藏于墨西哥城多洛雷斯·奥尔梅多博物馆

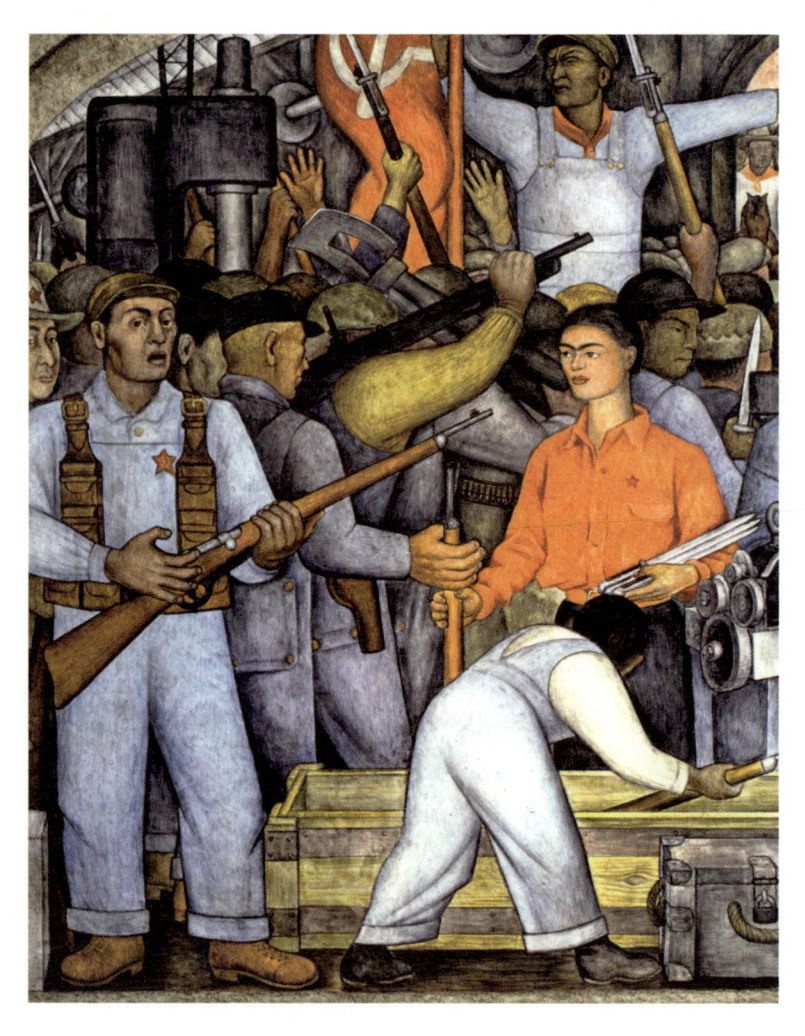

《分发武器》(又名《军火库》)细节图,迭戈·里维拉,画于1928年,壁画,现收藏于墨西哥城教育部

在墨西哥城五一游行中的迭戈和弗里达，蒂娜·莫多蒂摄于1929年

蒂才被无罪释放。

在 1929 年的五一游行中，莫多蒂拍下了弗里达和迭戈的合照，这是目前他们已知最早的照片。他们站在技术工人、画家和雕塑家联合会代表团的前面。照片中，弗里达身穿一套革命服装：一件长袖有领衬衫，打着领带，下摆是一条及膝的 A 字裙，精神十足，展示了她与共产党并肩作战的决心。

在完成教育部的工作后，迭戈接到在国民宫里绘制一系列壁画的任务，描绘墨西哥的历史。大约在同一时间，又有人委托他在卫生部的一个会议室里画一幅壁画,在那里,他画了六幅巨大的女性裸体,象征着纯洁、力量、知识、生命、温和和健康。迭戈共使用了三位模特,每位模特代表两种特点。三位模特分别是来自特旺特佩克(位于墨西哥东南部)的土著妇女、美国艺术家洛恩·罗宾逊,以及弗里达的妹妹克里斯蒂娜。让妹妹给迭戈当模特是弗里达的主意,迭戈将她描绘成既强壮又纯洁的女性。罗宾逊也是莫多蒂的好朋友,在迭戈为国民宫创作壁画期间,她曾是迭戈的助手之一,有传言说她与迭戈有染。

就在迭戈在国民宫创作壁画期间,1928年墨西哥总统大选掀起了新的波澜,乌烟瘴气。为了在卡列斯担任总统后能够恢复职务,阿尔瓦罗·奥夫雷贡修改了宪法,允许总统在非连任的情况下仍可以再次当选。最终,阿尔瓦罗成功当选,但就在上任前几天遭遇了暗杀。埃米利奥·波特斯·希尔成为临时总统,但卡列斯在幕后保持着控制权。希尔任职14个月后,开展了新的选举。同时,卡列斯创建新政党——国民革命党,而后他又支持帕斯夸尔·奥尔蒂斯·卢比奥竞选总统。教育部前部长瓦斯康塞洛斯也参加了竞选,弗里达以前的很多同学,包括她的朋友坎博,都支持瓦斯康塞洛斯。作为一名共产党员,弗里达支持第三位候选人佩德罗·罗德里格斯·特里亚纳。最终卢比奥获胜,尽管许多人怀疑选举存在欺诈行为。卡列斯在幕后一直很活跃,获得了"革命最高领袖"的称号,直到1934年,他一直在政治上控制着这个国家。这段时期在墨西哥历史上被称为"最高领袖统治时期"。

墨西哥政局的变化也影响了迭戈的工作生活。1929 年，他被任命为圣卡洛斯艺术学院院长，在去欧洲之前，他曾在该学院学习。他计划对学校课程进行大刀阔斧的改革，旨在将其转变为一所现代实验学校，让学生们可以接受各学科的培训，除了课堂上的学习，学生们还要经历长时间的学徒期。但他的全面改革遭到普遍反对，很快被迫辞职。

正是在这个动荡的时期，1929 年 8 月 21 日，弗里达和迭戈在科瑶坎市政厅举行了一场市政婚礼。弗里达说她从女仆那里借来了一套衣服，包括一条长裙、一件衬衫和一条墨西哥披肩，一身印第安人打扮。婚礼上，弗里达的父亲作为她唯一的家庭成员出席。第二天，报纸上刊登了一张关于婚礼的照片和一则简讯，从中可知强调婚礼之简单："新娘穿着……非常简单的街头服装，画家里维拉当天一身'美式风格'的西服，没有穿西装背心。婚礼仪式毫不铺张，整个婚礼在一种非常亲切的气氛下举行，质朴简单，不讲究排场，也没有浮夸的仪式。"[5]

从外表看，他们是一对奇怪的组合。弗里达 22 岁（自称只有 19 岁），娇小玲珑，身高略高于 1.5 米；迭戈的体型是她的两倍，又高又胖，他是个无神论者，也是一个有名的好色之徒。这是他的第三段婚姻。弗里达的母亲对这场婚姻并不看好，她说这就像大象和鸽子，极不般配，但她主要反对的原因是，在天主教会的眼中，迭戈仍然是卢佩的丈夫。弗里达的父亲则比较宽容。考虑到现实情况，他意识到女儿的健康问题可能会贯穿她的一生，如影随形。毫无疑问，父亲感到宽慰的是，女儿弗里达找到了一

SE CASO DIFGO RIVERA.—El miércoles último, en la vecina población de Coyoacán, contrajo matrimonio el discutido pintor Diego Rivera con la señorita Frieda Kahlo, una de sus discípulas. La novia vistió, como puede verse, sencillísimas ropas de calle, y el pintor Rivera de americana y sin chaleco. El enlace no tuvo pompa alguna; se celebró en un ambiente cordialísimo y con toda modestia, sin ostentaciones y sin aparatosas ceremonias. Los novios fueron muy felicitados, despues de su enlace, por algunos íntimos.

1929年8月,《新闻报》上登出的迭戈夫妇结婚声明

弗里达和迭戈在科瑶坎的合照

个丈夫，会供养她，并支付她所需的医疗费用。最重要的是弗里达的幸福，很明显她深爱着迭戈，而迭戈也很关心她。婚礼前，圭勒莫曾警告迭戈，弗里达的健康状况可能会一直不佳，而且她是个"隐藏的魔鬼"。[6]显然，后面这句话更激发了迭戈对弗里达的兴趣。

弗里达与迭戈以前的妻子或情人都很不同。在迭戈与众多女人的关系中，这段婚姻显然特立独行。和他之前一样，他并不忠诚，经常寻花问柳，弗里达也有外遇（和男人女人都有），但他们的关系远不止性生活。他们彼此都是对方最忠实的支持者和最热心的粉丝，他们有着共同的政治信念，也许最重要的是，他们都为自己是墨西哥人而感到无比自豪。

关于婚礼的举办地点说辞不一。一些人回忆说，婚礼是在画家罗伯托·黑山内沃的家里举行的；其他人则说是在莫多蒂家的屋顶露台上举行的。迭戈和卢佩之女——瓜达卢佩·里维拉·马林描述了晚宴菜单，包括牡蛎汤、蘸着红酱和青酱的当地绿色蔬菜、有着两种填馅的红番椒、淋着瓦哈卡州甜辣混酱的鸡，以及哈利斯科州的玉米浓汤。迭戈认为银器是属于资产阶级的餐具，所以婚宴上他们只提供了简单的搪瓷汤勺，并且让客人们就着玉米饼吃着食物。[7]

这场婚礼喧闹至极。卢佩来参加晚会，表面上没有怨恨，但在晚会进行到一半时，她突然大步走到新娘面前，撩起她的裙子，露出了弗里达的双腿。她向聚集的客人们大喊道："你们看见这两根棍子了吗？这是迭戈现在女人的腿，而不是我的！"[8]然后她怒气冲冲地走了出去。这并不是唯一的闹剧。迭戈因为喝了太多龙舌兰酒，酩酊大醉而变得不受控制，开始和一些客人打架，然后和弗里达争吵起来。弗里达哭着回到父母家。几天后，迭戈来找她，接着他们就一同住进了墨西哥城市中心改革大道104号的新家。

这是一座波菲利亚时代的大房子，有着法国哥特式的外观，但迭戈在入口处放置了前西班牙风格的雕塑。[9]他们欢迎各种各样的人来家里做客。卢佩和她的两个小女儿住在二楼。作为共产党员活跃分子，他们偶尔也会为其他党员提供住房。

壁画家戴维·阿尔法罗·西凯洛斯和他的妻子是他们的第一批客人。他们有一个名叫玛格丽塔·杜普伊的女佣，帮着打扫卫生和做饭，而弗里达则负责家务，但她在这方面几乎没有经验。他们的家具风格各异，有的是朋友送的，有的是家人送的：一张狭窄的床，一张黑色长桌，墨西哥民俗杂志主编弗朗西斯·托尔送了一套餐厅家具给他们，弗里达母亲送的黄色餐桌则用来保存迭戈收藏的古代雕像。[10]

婚后，迭戈为卡罗一家在科瑶坎的房子支付了抵押贷款，并允许卡罗一家继续住在那里。这处房产于1930年转到弗里达名下。[11]卢佩与弗里达和解，并亲切地教前夫的这位现任妻子如何准备迭戈最喜欢的菜肴。作为回报，弗里达画了卢佩的肖像。然而，她们之间的和平是短暂的，卢佩后来在一阵醋意大发的愤怒中毁掉了那幅画。卢佩不满的原因是迭戈在经济上帮助了弗里达的家庭，尽管迭戈也给了她钱来抚养他们的孩子，但卢佩始终觉得这些只是杯水车薪。

婚后不久，迭戈就被开除出了共产党，原因是他与党的官方路线存在分歧。自选举以来，该党越来越反对政府，许多党员认为迭戈两面三刀，一方面接受政府委派的任务，另一方面又表达着对斯大林一些言论的不认同。也正因如此，支持斯大林的共产党指责他是托洛茨基派分子。被除名后，迭戈公开承认了这一事实。虽然他不再是党员，但他仍认为自己做着共产党员该做的事。他后来写道："我认为我的主要活动是绘画，这就是我能为革命做的事。因为我既不是专业的政治家，也不是'党内人士'，我是自由身，可以在共产党这个组织内外做同样的事情。"[12]

弗里达也退出了共产党，声援她的丈夫。此举意味着他们要离开一些重要的朋友和社交圈。麦拉惨遭暗杀后，其情妇莫多蒂成为众矢之的。心力交瘁的莫多蒂将目光瞄准了这对夫妇，并开始攻击他们。1929年9月在给爱德华·韦斯顿的信中，她写道："迭戈已经离党……原因：他最近从政府接到的很多工作……与一个激进的共产党成员身份相违背……他被认为是一个叛徒。不消说，我也认为迭戈背叛了共产党，从现在起，我与他的所有接触将仅限于我们的摄影业务。"[13]

这对夫妇在个人生活中也遇到了巨大挑战。在他们结婚的第一年，弗里达怀孕了，三个月后，由于弗里达的骨盆畸形，医生认为她将无法顺利分娩，卢佩的弟弟马林为她做了流产手术。正如那次交通事故后一样，她为不能生孩子又一次悲伤不已。她在给一位朋友的信中写道："我们不能生孩子，我伤心欲绝地哭了。但我会用做饭、打扫房子，时而画画来分散自己的注意力，并且每天在脚手架旁陪着迭戈。"[14]

美国驻墨西哥大使德怀特·莫罗邀请迭戈前往库埃纳瓦卡绘制一幅壁画。迭戈为此很高兴，他终于能远离墨西哥城无休无止的政治争论，远离那些拒绝他、排挤他的战友，也远离他在艺术学院担任院长期间的失败经历。1930年1月，他和弗里达前往墨西哥城以南约85千米的库埃纳瓦卡。在当时，这段路程大约需要三个小时，因为路还没有铺好，崎岖不平。

莫罗是一个厚道实诚、和蔼可亲的人，十分欣赏墨西哥文化。

在他担任大使期间，墨西哥和美国开始了一段积极的外交关系。莫罗作为政府和天主教主教之间谈判的中间人，帮助墨西哥结束了宗教战争。他和妻子伊丽莎白在培养美国人欣赏墨西哥民间艺术方面起到了重要作用。他们组织墨西哥艺术展，吸引了大批观众来到纽约大都会博物馆，然后他们又去了另外12个美国城市组织展览。他还邀请查尔斯·林德伯格对墨西哥进行友好访问，这位著名的飞行员后来娶了莫罗的女儿安妮为妻。

莫罗一家为墨西哥和墨西哥的艺术深深着迷，最重要的是，他们十分喜欢库埃纳瓦卡。一开始，他们受邀在已经置办好房产的英国外交官埃斯蒙德·奥维爵士家做客，后来他们决定也在这里购买一套周末度假屋。他们买了几处毗邻的房产，建造了一幢风格休闲的乡村住宅。这所房子有着厚厚的土坯墙和赤陶瓦屋顶，还有着一个长满植物的中央庭院，他们和客人常常会坐在这里，无忧无虑地享受着树叶间斑驳的阳光。他们的家以墨西哥民间艺术品装饰，并配有手工制作的皮革和木制家具。他们想要送给莫雷洛斯州人民一件礼物，感谢他们的盛情款待，这幅壁画就是他们的礼物：迭戈会在庄严的科尔特斯宫殿西侧的一处凉廊中用壁画描绘历史。科尔特斯宫殿是一座堡垒状的建筑，距离库埃纳瓦卡镇广场约两个街区。这座宫殿是16世纪殖民时期城市建筑的典范。在库埃纳瓦卡期间，弗里达和迭戈住在莫罗的家中，也就是"明天的家"（Casa Mañana）。莫罗夫妇为房子起这个名字是因为，在施工阶段时，每当他们问总建筑师什么时候会完成，他的回答总是"明天"。

位于库埃纳瓦卡的科尔特斯宫殿

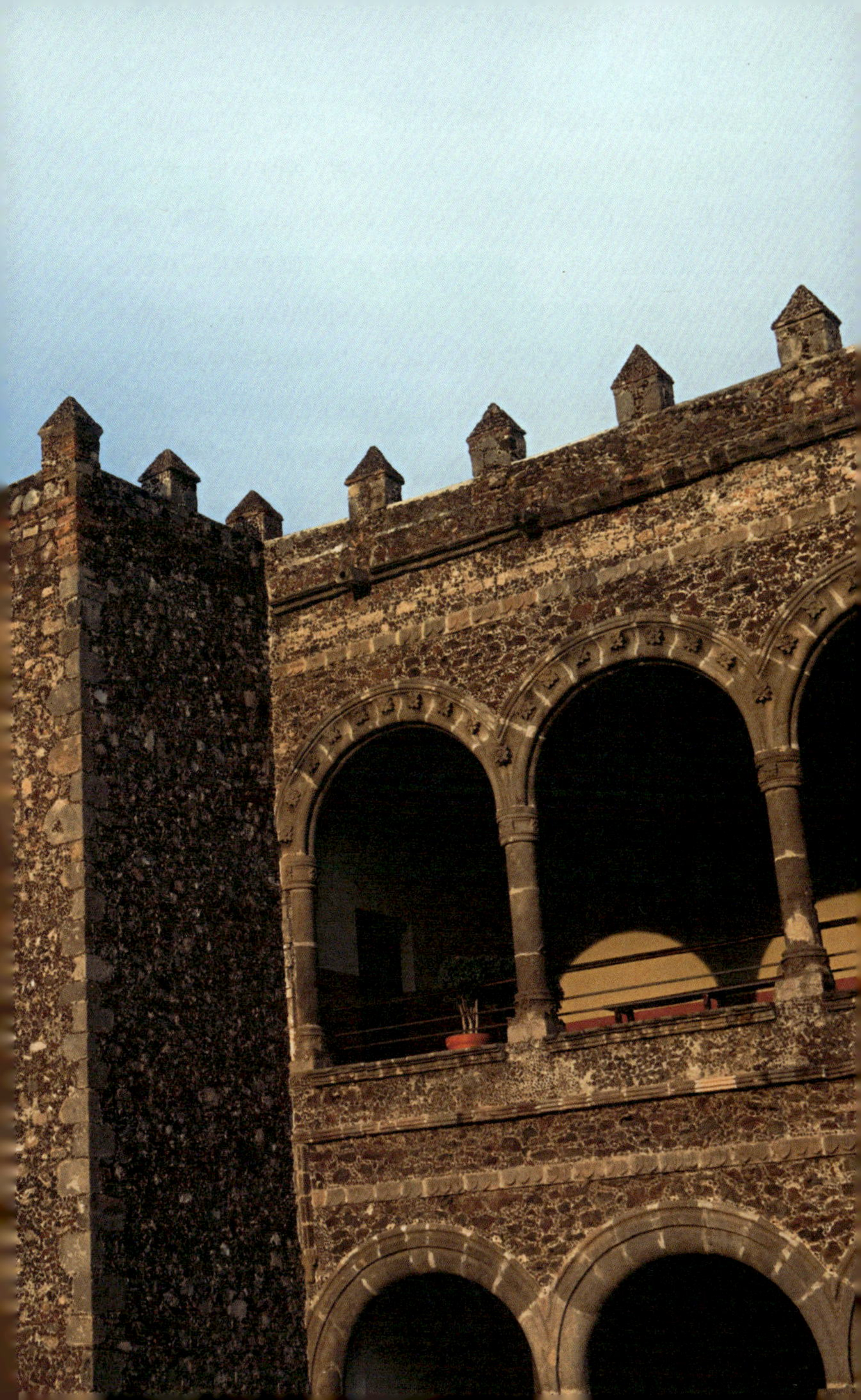

在库埃纳瓦卡期间，迭戈创作了唯一一幅关于弗里达的裸体画。在这幅平版印刷画中，弗里达坐在床边，端庄地向下看，双手举在脑后，正在解开一条串珠项链。她双腿交叉，纤细的脚藏在深色的高跟鞋里面。迭戈从来没有像他对卢佩和其他一些模特那样狂热地赞美弗里达的长相。在几幅不同的壁画中，迭戈把她描绘成共产主义者、艺术家和他的同伴，从来都不是女性美的象征。有一次，他在画弗里达的时候告诉她："你的脸像狗一样。"弗里达毫不畏惧，冷静地回应说："你长得像青蛙。"[15] 他们似乎很少会表示出对对方外表的欣赏，但他们会在作品上补偿这份赞美。他们认为对方是墨西哥最优秀的艺术家，对彼此艺术发展的支持也坚定不移。

结婚第一年，弗里达为自己画了一幅自画像《时光飞逝》。背景里粗绳拉起厚重的窗帘，这是殖民时代的写照，但是从窗户里看到的飞机又奠定了这幅画的现代基调。这架飞机可能暗指了著名飞行员林德伯格，弗里达应该是见过他的，因为机翼和飞行的概念在她的作品中反复出现。在她的左边，一个实用的闹钟放在一个雕刻好的木柱上，柱子和她自己有问题的脊柱一样高。她送给亚历杭德罗的自画像中的贵族气质已不复存在，在这里，她是一个淳朴的墨西哥女孩儿，穿着一件棉质农家衬衫，袖子上镶有一点蕾丝花边。她戴着迭戈在素描中描绘的那条串珠项链，还有长长的宝石耳环。串珠项链可能是玉石做的，影射着墨西哥被西班牙殖民前的历史。宝石耳环是殖民时期的风格，飞机和钟表是现代的象征。她开始在服装等很多方面将自己定位为墨西哥人，

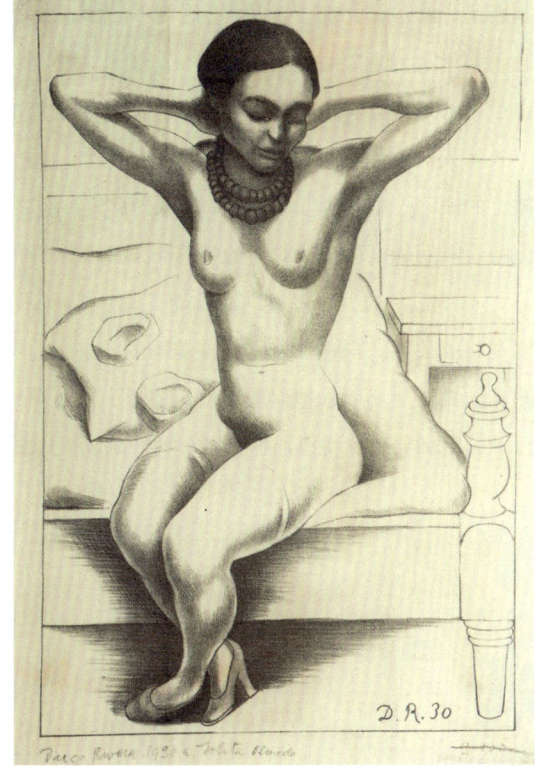

上图｜位于库埃纳瓦卡的"明天的家"

下图｜《弗里达·卡罗的裸体像》，迭戈·里维拉，画于1930年，平版印刷画

不同的物件都传达着不同的意义。

婚后,弗里达开始穿着墨西哥本土服装。她把来自墨西哥不同地区的物件混搭在一起,有时还穿上自己做的衣服,但她更喜欢瓦哈卡州特旺特佩克地峡地区(位于墨西哥东南部)的衣服。[16]她母亲的家族就起源于那个地区,我们可以从一张她母亲小时候和几个家庭成员的照片中看到她曾穿过这种衣服。该地区的妇女被称为特瓦纳人,是一群坚强独立的女性。这个地区在殖民时期抵制西班牙统治,并保持着强烈的本土文化认同。通过选择这类服装,弗里达表达了对自己的墨西哥身份和本土血统的自豪感,这也是她和迭戈心有灵犀之处。长裙遮住了她残疾的双腿,刺绣短上衣将人们的注意力都吸引到了她的上半身,进一步掩饰了她身体上的缺陷。她不是当时唯一一个选择穿这种服装的墨西哥女性,但随着时间的推移,这成为她个人形象不可分割的一部分。

弗里达和迭戈在库埃纳瓦卡待了九个月。迭戈与美国大使莫罗良好的关系,对迭戈获得前往美国的签证很有帮助。作为一名知名的共产主义者,他以前曾被拒签过,但在莫罗和其他人的支持下,他和弗里达得以前往美国,共同踏入人生的下一个阶段。

弗里达照片,圭勒莫·卡罗摄于1929年

《时光飞逝》,弗里达·卡罗,画于1929年,木板油画,77.5厘米×61厘米,私人收藏

CHAPTER
*
4

第四章

旅美时光

《墨西哥和美国边界线上的自画像》细节图,弗里达·卡罗,画于1932年

为了逃避墨西哥最高统治者的政治压迫，1930年，迭戈夫妇来到美国旧金山。这是弗里达第一次到墨西哥以外的地方旅行。她从小就向往到外面的世界去看看，离家远行着实令弗里达兴奋不已，虽然此时的美国正陷入大萧条及禁酒令时期。迭戈想去美国已有一段时间，他着迷于技术和机械，觉得那些才是未来。然而，美国对弗里达来说并不像对她丈夫那样有吸引力。最终，离家的经历让她对自己的祖国有了更深层次的欣赏和惦念。

他们于11月抵达旧金山。雕塑家拉尔夫·斯塔克波尔是迭戈早年在欧洲的好友，他邀请迭戈创作两幅壁画：一幅位于松树街和三桑街金融区的旧金山证券交易所午餐俱乐部，一幅位于栗树街的加州艺术学院。新的证交所是由建筑师提摩西·普夫罗格设计的，他认为艺术应该是建筑不可分割的一部分，所以聘请了各具特色的艺术家来装饰它。斯塔克波尔当时正在为证交所的前门设计雕塑，他推荐了迭戈在楼梯上画一幅壁画。人们对迭戈被录用表示强烈抗议：许多人认为这个任务应该交给当地的艺术家来完成，聘请一位共产主义艺术家在资本主义机构进行创作并非明智之举。不过，迭戈和弗里达在当地仍广受欢迎，并频频受邀参加午餐、招待会和聚会。迭戈还受邀开设讲座，甚至有学校给了他教职，但他拒绝了。

弗里达和迭戈住在蒙哥马利街716号的斯塔克波尔工作室，那里是一个繁荣的艺术家聚居地。这座建筑也被称为"船楼"，因为它是用一艘大船的船体建造的。"船楼"离蒙哥马利街区建筑只有一个街区，这是艺术家和波希米亚人的另一个避难所，被亲切地称为"猴子街区"。迭戈夫妇在当地的艺术家社区结交了很多朋友。他们没有电话，所以经常要到楼下邻居阿诺德和露西尔·布兰奇那里借用电话。克拉拉、杰拉尔德·斯特朗和克拉拉的弟弟约翰·威瑟瓦克斯，都是他们新交的朋友。这对墨西哥夫妇给威瑟瓦克斯留下了深刻的印象，弗里达尤其令他神魂颠倒。他写了一部戏《蒙哥马利街女王》，主角就是以弗里达为原型的。

弗里达从预科学校开始就一直坚持用英语阅读，她经常会用英语、德语以及自己发明的单词给朋友写信。到美国后，弗里达对英语的学习更加勤奋努力。在旧金山安家不久后，她在给父亲的一封信中写道："我每天都会学一点英语，现在至少在商店里购物的时候，我能理解他们的意思了。"[1] 不久，她又开始用英语写信。迭戈在法国生活了很多年，他能说一口流利的法语，但他没费心思学过英语，因此弗里达又成了迭戈的翻译和秘书。

婚后，弗里达开始穿上传统的墨西哥服装，起先只是穿搭一两件墨西哥风服饰，如长披巾、玉珠项链、乡村风的女衬衫。后期，她时常一身印第安人的打扮，这在美国引起了不小的轰动。和莫多蒂分手后来到旧金山生活的摄影师爱德华·韦斯顿第一次见到弗里达后在日记中写道："和迭戈前妻卢佩截然不同，弗里达在他身边就像一个布娃娃。但她只是个子小，其实十分坚强美丽，身上一点儿也没有德国父亲的影子。"弗里达身穿印第安式服装，连鞋都是皮条编织鞋，十分引人注目，走在旧金山的街头引来了

上图｜旧金山的蒙哥马利街，摄于1930年
下图｜旧金山的市场大街，摄于1930年

不少好奇的目光，人们都驻足吃惊地回头看她。[2]弗里达意识到自己的魅力，并学会享受和张扬这份与众不同。

迭戈想在工作之前先感受一下这个地方，于是他们开始一起探索城市。他们参观了旧金山及其周边的各个景点，并向北80千米，来到著名园艺家卢瑟·伯班克的故居圣罗莎。伯班克于五年前去世，他一生培育了数百种水果和蔬菜杂交品种。应其要求，伯班克被埋在他的作品——由他亲自种下的黎巴嫩香柏树——的树荫下。伯班克明确表示，这块地方不做任何记号或放置墓碑，他希望这里能成为一个活的纪念馆，他说："这样我的力量就能注入这棵树。"[3]弗里达和迭戈还遇到了伯班克的遗孀，并和她亲切地交流。

弗里达给母亲寄了一张她和迭戈站在埋葬伯班克的树前的照片。因为短途旅行的缘故，她暂时换下了印第安服装，穿上了休闲裤和纽扣衬衫，系着围巾。在照片背面，她写道："最亲爱的妈妈，我们就站在埋葬伯班克的那棵树前。他是一位睿智的人，通过成千上万次对水果和花朵的嫁接生产出了更为美妙的食物。他的家美不胜收，就在圣罗莎小镇，距离旧金山只有两个小时的路程。您的小弗里达。"[4]

这次访问给两位艺术家留下了深刻的印象。迭戈把伯班克画进了他的壁画《加州预言》中，展示了他正在给一株植物授粉。弗里达则选择以一种更原始的方式来描述这位园艺家：她把他变成一棵植物，展示了伯班克的精髓是如何深深植根于他毕生致力的植物之中的。在地下，根部缠绕在他腐烂的身体上，从他身上

上图｜迭戈与弗里达拜访卢瑟·伯班克故居时的合照

下图｜《卢瑟·伯班克的肖像画》，弗里达·卡罗，画于1931年，木板油画，86厘米×61厘米，现收藏于墨西哥城多洛雷斯·奥尔梅多博物馆

汲取营养；树干从地上冒出来，形成一个活生生的、充满活力的伯班克的身体；伯班克的手中还拿着一株植物，植物的根垂下来，正等待嫁接。画作完美地表明了伯班克希望他的力量能滋养一棵树。在弗里达的描绘中，制造杂交物种的人本身就是一个混合体，他死后的躯体拥有滋养树木生命的力量，他继续活在树的精神中。这幅画标志着弗里达艺术创作的一种转变：与描绘写实肖像不同，以象征主义反映了她所看到的更深层次的真理。通过这幅作品，弗里达开始探索生命周期和杂交主题。

通过斯塔克波尔，弗里达和迭戈见到了网球冠军海伦·威尔斯·穆迪。迭戈对她十分着迷，他去看她的比赛，为她画了一幅速写，并邀请她为证券交易所大楼壁画上的主要人物当模特。在迭戈眼中，穆迪聪明、年轻、精力充沛、美丽动人，比任何人都更能代表加州。[5]

迭戈在准备和创作这幅壁画（并向这位网球冠军等人示好）的同时，弗里达仍在探索着这座城市，她去购物，参观博物馆，了解唐人街。她在给儿时好友伊莎贝尔·坎波斯的信中写道："这座城市和海湾有着令人窒息的美……来到这里意义非凡，因为它开阔了我的眼界，让我见识了许许多多新颖、美丽的事物。"[6]在这期间，弗里达的右脚疼痛加剧，于是她去旧金山综合医院咨询了里奥·伊洛瑟尔医生。这位胸外科和骨科专家在几年前墨西哥的一次旅行中遇到了迭戈。他不仅医术高超、热情善良，还有着强烈的社会责任感，同时他也是一位艺术赞助人、一位天才音乐家。他有着很高的语言天赋，会说德语、法语和西班牙语。他颇为喜欢的消遣娱乐之一就是在旧金山湾航行。弗里达与他一相见，便很快对他信任有加，伊洛瑟尔医生后来成了弗里达一生的挚友和最信赖的医生。

这段时间的医疗记录显示，弗里达的右脚疼痛加重，右腿萎缩直到大腿，右脚肌腱也有萎缩的趋势，这使她难以正常行走。[7]弗里达的右脚有营养性溃疡，伊洛瑟尔医生同时还诊断出她的脊柱有先天畸形的情况，这些都表明了弗里达的一些身体问题并不是由早年的小儿麻痹症或后来的交通事故所造成的。因为当时没有更好的方法，医生只能建议她保守治疗，保持健康的生活习惯。

为了感谢伊洛瑟尔医生的友谊、热心和关心，弗里达为他画了一幅肖像画。她去了伊洛瑟尔位于利文沃斯街2152号的家中为其作画，伊洛瑟尔医生在书房里摆好了供弗里达作画的造型。这幅肖像让人不禁联想起19世纪的肖像画风格，尤其是何塞·玛丽亚·埃斯特拉达的作品。与弗里达大多数的肖像不同，这幅画是全身像，采用的角度是四分之三的侧面视角，画中伊洛瑟尔医生的胳膊肘搁在一张桌子上，旁边则是一艘帆船模型。当时，弗里达不知道该如何描绘帆船，于是她便去问她的丈夫，迭戈并没能帮上她，只是告诉她可以按照自己的想法来，这最终产生了一个超现实但令人啧啧称奇的作品。在船的一侧，她写下了"三个朋友"，这三个人无疑是指医生、迭戈和她自己。

1931年2月，迭戈完成了证券交易所的壁画创作。随后，他和弗里达暂时离开这座城市，在阿瑟顿的罗莎莉·斯特恩家住了

《里奥·伊洛瑟尔的肖像画》，弗里达·卡罗，画于1931年，木板油画，85厘米×60厘米，现收藏于旧金山加州大学医学院

六个星期。在那里，迭戈画了一幅小型壁画《静物人生和开花的杏树》，并作为礼物送给主人。迭戈在斯特恩家的餐厅创作了这幅作品，他将画嵌在了一个钢框上，以方便四处移动。回到旧金山后，迭戈开始在艺术学院创作新壁画。迭戈认为学院提供给他的墙太小了，他建议要画得大一点，并表示他不会再额外加收费用，这一提议得到了学院的同意。而正是这幅壁画《展现城市建筑的壁画创作》再次引起轩然大波。这幅画的主题对于一所艺术学校来说无可厚非，但有些人对其颇有微词，因为迭戈把自己画进了壁画。画中他背靠在脚手架上，巨大的臀部超出了所坐木板的边缘，有些人认为这个细节显露出了迭戈对旧金山的不屑。

在留美的最后一段时间里，弗里达创作了一幅自己和迭戈的肖像画，送给艺术赞助人爱伯特·本德，爱伯特曾帮助他们获得签证和处理其他事务。这幅画以他们的结婚照为底本，风格质朴。画中弗里达身穿一件绿色的连衣裙和红色大披肩。她的头略歪向迭戈一侧，平时锐利的目光异常柔和，还带着微笑，她的鞋尖从整条裙子的底部露出来，给人一种浮在水面上的感觉。弗里达的右手轻搭在迭戈的左手上，正是这个细节和设计，成了平衡画面、稳住重心的关键。

弗里达在她丈夫身边显得如此娇小柔弱，而迭戈站在弗里达身边更显体型庞大、腿粗如树、膀大腰圆。迭戈右手握着调色板，脚上穿着鞋头宽大的工装靴；弗里达一手握着她丈夫的手，另一只手则握着自己的披肩。在画面的上部，描绘着衔着一条飘带的小鸟，飘带上写着："这里你看到了我，弗里达·卡罗在心爱的

《弗里达和迭戈·里维拉》,弗里达·卡罗,画于1931年,布面油画,100厘米×78.7厘米,现收藏于旧金山现代艺术博物馆

丈夫迭戈·里维拉旁边。这幅画画于美丽的旧金山，献给我们的朋友爱伯特·本德先生，1931年4月。"这幅画传达了一个双重信息：在画面中，尽管弗里达把自己简单地描述为这位伟大画家的妻子，但文本清楚地表明她是这幅作品的创作者。

底特律艺术委员会的威廉·瓦伦丁与迭戈在旧金山碰面，想邀请他为底特律美术馆的花园厅廊绘制壁画，艺术委员会主席埃德塞尔·福特（译者注：亨利·福特之子）出资一万美金资助这个项目。迭戈对这个项目很感兴趣，但同时他也表示，这个计划还需等他从墨西哥回来后再着手。他很想留在美国一展宏图，但墨西哥总统帕斯夸尔·奥尔蒂斯·鲁维奥向他施压，要求他回国，完成国民宫壁画。尽管迭戈一直在拖延回国的时间，但在完成旧金山艺术学院的壁画之后，他觉得是时候回墨西哥了。

弗里达可能先于迭戈于5月底回到墨西哥，因为她写给情人尼克拉斯·穆雷的一封信的日期是1931年5月31日，落款地址是科瑶坎。他们相会的情况并没有更详细的记录，但很可能是经共同的朋友米格尔和罗莎·科瓦鲁比亚斯介绍认识的。尼克拉斯出生于匈牙利，住在纽约，是一名摄影师，也是一名冠军击剑手。他和弗里达之间似乎有过很短的罗曼史。弗里达写给他的信，部分是用匈牙利语写的，上面写着："我爱你，就像我爱一个天使。你是山谷里的玫瑰，我的爱人，我永远不会忘记你，永远，永远……"[8]除了这张纸条，弗里达还曾寄了一张她和迭戈手拉手的素描给尼克拉斯，当然这可能是弗里达研究双人像的一部分素材。这幅素描传达了很多信息，其中很重要的一点是要让尼克

弗里达照片，露西安·布洛赫，摄于1933年纽约

拉斯知道在她心里谁更重要，所以直到几年后他们才再次有了联系。

返回墨西哥后，迭戈立即回到国民宫开始紧张地工作。在迭戈赴美期间，他的助手洛恩·罗宾逊和维克多·阿诺托夫一直在跟进工作，他们模仿迭戈的风格画了两个拱门和一块天花板，但迭戈认为他们的作品并不令人满意,要求擦掉重画。迭戈经常和助手没日没夜地工作,废寝忘食。他如此急于完成这个任务,很可能是因为他想尽快再次奔赴美国,那里有无限辽阔的新世界正在等着他。6月中旬,弗里达写信给伊洛瑟尔医生,表达了她对迭戈超负荷工作的担忧,并请医生写信给她的丈夫,让他照顾好自己。在短短三个半月的时间里,迭戈完成了国民宫楼梯的整块中央区域的壁画创作,宽20米,高近14米。

就在夫妇二人离开旧金山前,纽约画商、墨西哥艺术协会主席、洛克菲勒基金会艺术顾问弗朗西斯·弗林·佩恩为迭戈提供了一个不同寻常的机会:享誉盛名的纽约现代艺术博物馆将为迭戈举办一场回顾展。这是一份至高无上的荣耀。纽约现代艺术博物馆只为两个人举办过个人艺术回顾展,第一位是亨利·马蒂斯——野兽派的创始人,另一位就是迭戈。一番讨论之后,他们决定将迭戈作品展定于12月举行。

迭戈为国民宫作画期间,胡安·奥戈尔曼曾专程来找过他。奥戈尔曼是一位艺术家,也是一名建筑师,他邀请迭戈去墨西哥城圣天使区参观他设计的一所具有现代功能主义风格的房子,并试图说服迭戈雇佣他设计一座类似的大房子。迭戈同意了,并建议奥戈尔曼建造两个独立但又相互连接的住宅,这样他和弗里达就可以各自拥有自己的空间了。

在完成了国民宫壁画的主要工作后,迭戈开始为他在纽约的展览做准备。因为他最得意的作品都是壁画,无法运输,所以他决定在展览开幕前六周前往纽约,并在可移动的钢框架上创作几

《中央公园风景》,弗里达·卡罗,画于1932年,铅笔淡彩,27厘米×20厘米,私人收藏

幅小型壁画。1931年11月,弗里达、迭戈与弗朗西斯·弗林·佩恩一同坐船启程前往纽约。

在纽约,他们住在位于中央公园南部和第六大道之间的巴比松广场酒店。这家酒店在他们到达前的18个月刚刚开业,是一幢38层的建筑。建筑物夺人眼球的四面坡顶围绕着细高的塔楼,屋顶由狭长加固的钢筋条搭成框架,并在框架上覆盖上玻璃

1931年，迭戈夫妇入住的纽约巴比松广场酒店

瓦。白天在阳光照耀下，玻璃瓦会发出闪闪的光芒；夜晚酒店里的辉煌灯火，又会让整个屋顶（屋顶几年后被替换）熠熠生辉。酒店共有 1400 间带浴室的客房，以及三个大型音乐厅、展览室和一个图书馆。到达酒店后，弗里达和迭戈发现他们的房间装饰着洛克菲勒夫人送来的鲜花，十分温馨。然而，弗里达对这家酒店印象并不好，这里的电梯管理员意识到她并非体面的上流人士

弗里达与迭戈和《犹太杂志》编辑亨利·赫维茨、记者吉尔伯特·赛德斯、戏剧协会的李·西蒙森在纽约新月酒店见面,摄于1933年5月

后,对她十分冷淡,甚至粗鲁无礼,弗里达也以同样的方式回敬他们。她在写给洛克菲勒夫人的信中提到对酒店的不满,但是感谢她送的鲜花让她想到了温暖的墨西哥。[9]

他们到达纽约不久后,迭戈的赞助人为他举办了一场午宴。迭戈坐在露西安·布洛赫旁边。布洛赫是瑞士出生的年轻艺术家,小时候随家人移居美国。饭局上,她和迭戈用法语相谈甚欢,这让弗里达醋意大发。弗里达后来找到布洛赫,责备她对迭戈大献殷勤。两人的交谈令弗里达意识到布洛赫真正感兴趣的是艺术,而非迭戈，布洛赫也发现弗里达直率大胆、别具一格，两人很快成了亲密的朋友。同时，布洛赫开始做迭戈的助手。

博物馆为迭戈提供了工作室，他和助手们就在这里通宵达旦地工作，创作可移动的壁画。其中大部分是根据迭戈在墨西哥城和库埃纳瓦卡的一些壁画细节改编而成，主题是革命和社会不平等。迭戈在展览开幕后再添了三幅壁画，主题是纽约，描绘城市的社会阶级分层和城市工人阶级。其中一幅题为《冻结资产》的壁画描绘了大萧条时期纽约极端的贫富差距。

迭戈在纽约可谓如鱼得水，与上流社会交往密切，但弗里达很快就厌倦了这种场面。在一封写给伊洛瑟尔医生的信中，她抱怨说厌倦了如此多的上流社会宴会。她不喜欢这里的食物和天气，她的社会良知使她被这个城市巨大的贫富阶级差距困扰不止。他们目睹了成千上万的人饥肠辘辘，而富人却没日没夜地闭门酣歌，弗里达对这个城市感到无限的恐惧和震惊。[10]

弗里达在这期间的画作并不多，其中一个主要原因是他们的酒店房间空间局促。她发现在一个房间里吃饭和接待客人已经够困难的了，完全不能考虑在那里工作。当她得了流感，宅居在酒店几日后，她画了一幅水彩画，描绘了从酒店窗户看到的中央公园的景色，虽然她并不喜欢这番风景。她给母亲的信中写道："我在这个肮脏的旅馆里待了几天，无聊至极。远远看去，中央公园光秃秃的，就像一个垃圾场，酒店对面动物园里狮子、老虎和熊的吼声此起彼伏。"[11]不过，她确实在这儿交到了一些朋友，并对露西安·布洛赫、布洛赫的妹妹苏珊娜、艾拉·沃尔夫以及洛克菲勒家族等人对她的照顾表示感谢。他们后来遇到了乔治亚·欧姬芙和她的丈夫阿尔弗雷德·斯蒂格利茨，据报道，弗里达曾公然与欧姬芙调情（后来暗示她们有婚外情[12]）。

迭戈在纽约现代艺术博物馆的展览于 1931 年 12 月 22 日开幕，一直持续到 1932 年 1 月 27 日。展览大获成功，是该博物馆开馆以来参观人数最多的一次展览。当然，这场展览也引发了争议，"左"倾记者谴责壁画作品表明艺术家与资本家有着千丝万缕的联系，保守派则对作品中的共产主义主题颇有微词。这场争议引来了媒体的大肆报道，从而起到更大的宣传作用。争议并没有令迭戈担忧，他反而乐在其中，享受着大众关注的目光。

迭戈原本计划在 1 月份抵达底特律，但他推迟了启程的日子。他正在进行另一个项目——为一出芭蕾舞剧设计布景。墨西哥作曲家卡洛斯·查韦斯负责作曲，二人合作创作了剧本《马力》。该场演出于 3 月 31 日在费城大都会礼堂举行，迭戈夫妇与纽约的精英们一起乘坐火车前来观看。两位原创以芭蕾舞形式展现了墨西哥南方的自然资源、北方的现代工业和企业发展是如何使人们的生活变得更加丰富的。迭戈用鱼、水果、美人鱼、机器和墨西哥小姐等形象设计了服装，虽然笨重的服装作为一种艺术形式令人眼前一亮，但演员们跳起舞来稍显笨拙吃力。演出尽管只有唯一一场，但也引起了广泛关注，大获成功。[13]

同年 4 月，弗里达给克利福德和吉恩·怀特写信，请他们在底特律为自己找一套公寓。克利福德是迭戈的助手之一，他和妻子比弗里达等人先到了底特律。弗里达提出他们需要一间有足够工作空间的公寓，还要有卧室、小厨房、浴室和一间单独的房间，房间光线要足够充足，以满足作画要求。她在信中提到，她肯定会在底特律开始工作的，因为她厌倦了"无所事事，只是躺着"[14]。怀特回信告诉她沃代尔酒店离迭戈工作的地方很近，但弗里达和迭戈都觉得那里太小了，他们委托怀特在同一家酒店或附近的其他地方为他们找一间更大的公寓。

在离开纽约之前，朋友们为弗里达和迭戈举办了一个告别派对，同时大家也利用这个机会为弗里达"重新洗礼"。目前尚不清楚这是谁的主意，但当时正值二战爆发前夕，美国的

底特律的沃代尔酒店，摄于1935年

反德情绪高涨，因此也很可能是弗里达和迭戈对弗里达的德国名字感到不妥，想起一个听起来更像墨西哥人的名字。在弗里达的出生证明上，她的名字是玛格达莱娜·卡门·弗里达（Magdalena Carmen Frida），但她通常会把自己的名字写成"Frieda"，这个名字来自德语的"和平"一词。现在，为了弱化她的日耳曼血统，她的朋友们为她重新起名为卡门·里维拉（Carmen Rivera）。留在美国的剩余时间里，她要么叫卡门，要么叫弗里达，最终她选择了后者作为其后半生的名字。

1932年4月21日，就在"福特饥饿游行"的六周后，弗里达和迭戈抵达底特律。时光倒回至3月7日，几千名抗议者，包括失业汽车工人以及他们的家人和底特律失业委员会，在福特汽车公司的胭脂河畔高举横幅，示威游行。当催泪弹和消防水龙无法阻止潮水般的人群时，警察和福特公司的保安向手无寸铁的抗议者开火，四人死亡，多人受伤。3月12日，数十万人参加了葬礼，这是美国共产党组织的规模最大的游行。要是他们夫妇到达得早一点，迭戈很有可能会站出来帮忙调停，但又因其和福特家族的友谊，迭戈也会陷入两难境地。一方面，迭戈和弗里达是在芭蕾舞剧演出结束后才来到底特律的，他们从未在公开场合谈到这次游行；另一方面，迭戈在底特律暂居期间和墨西哥劳工接触频繁，并充当着他们的庇护者；同时，迭戈还利用此次壁画工程的收入为墨西哥劳工提供了一大笔金钱资助。[15]

当弗里达夫妇抵达时，底特律艺术委员会的威廉·瓦伦丁和一些媒体记者在火车站迎接他们。弗里达被拍到披着一条长长的

福特汽车公司底特律制造工厂的俯瞰图

大披肩，当被问及她是否也是一名画家时，她半开玩笑地回答说："是的，是世界上最伟大的画家。"迭戈的助手怀特夫妇在沃代尔为他们找到了一间更大的酒店式公寓。该公寓建于1926年，专为长期居住者设计，位于底特律美术馆对面，后者就是迭戈将要工作的地方。到了那里，他们才得知这家公寓不允许犹太人入住。迭戈大声宣称他和弗里达都是犹太人，这一举动引起轩然大波。于是，这家酒店公寓及时调整了政策，还为此给他们打了折。布洛赫和他们住在一起，睡在客厅的墨菲床上。

迭戈参观完胭脂河畔的福特汽车工厂后，被工厂里非凡的生产力和创造力深深感染，然后他花了两个月的时间画了数百张草图。瓦伦丁最初的计划是在博物馆花园庭院的两侧墙壁上创作壁画，以描绘底特律工业的蓬勃发展。颇有头脑的迭戈有一个更大的计划，他提议装饰花园厅廊整个空间的墙壁，计划共创作27块镶板。这一提议得到了瓦伦丁和福特的认可，迭戈也因此从埃德塞尔·福特那里获得20889美金的酬劳，包括工资和材料费，他用这笔酬劳向他的助手们支付了工资。

弗里达不喜欢底特律。"这座城市给我的印象是一个古老而贫穷的小村庄。"[16]她评论道。她会通过看电影（她特别喜欢搞笑和恐怖电影）和布洛赫玩超现实主义绘画游戏"精致的尸体"，并假借英语不好，对上流社会说一些不恰当的话来找乐子。因为亨利·福特对犹太人极度仇视，她故意问他："福特先生，您是犹太人吗？"迭戈忍俊不禁。他们在底特律逗留初期，她很少作画，只完成了一幅静物画《底特律街上的橱窗陈列》，展示了被挂在一家空无一人的商店橱窗里的奇怪的玩具狮子、一匹石膏马、一张有着乔治·华盛顿照片的相框，以及一条红、白、蓝三色相间的装饰彩带。

弗里达对底特律不满的另一个原因是她又怀孕了，她很茫然，不知道该怎么办。在伊洛瑟尔医生的推荐下，她去亨利·福特医院咨询普拉特医生。当得知弗里达年轻时车祸留下的后遗症，骨盆受过伤，妊娠困难，医生建议弗里达趁早流产，他给了她奎宁和蓖麻油，帮她堕胎。后来她发现孩子没有流掉，自己仍然怀着孕。这时，医生又建议她怀孕至足月，再剖宫产。弗里达十分矛盾，不知如何是好。一方面是与迭戈有了孩子后的实际问题，另一方面是她自己对孩子的渴望。她总说想要一个"小迭戈"，但以他们目前的情况，她一时不知道该如何决定。

迭戈并不是一位好父亲。他和第一任妻子安吉丽娜·贝洛夫有过一个孩子，这名男孩在两岁的时候死于肺炎，迭戈在他出生时、患病期间和去世时都没有露过面。事实上，在他儿子出生的时候，他已经和另一个女人开始了长达数月的婚外情，并有一个女儿，名叫玛丽卡。他也从来没有正式承认过自己的女儿，只是偶尔给她寄钱，尽一点父亲的责任。目前还不清楚弗里达是否知道这两个孩子的情况，但她很清楚迭戈抛下卢佩，让卢佩独自照料两个女儿的事实。虽然卢佩说迭戈是个好父亲，但他从来没有给足过孩子的抚养费。就在他们第二个女儿出生不久后，迭戈与蒂娜·莫多蒂的婚外情导致了他们婚姻的终结。最后，弗里达意识到她的丈夫对再要一个孩子没有兴趣，他更愿意拥有与弗里达的不渝爱情。考虑到自己远离家乡，健康状况不佳，迭戈又把工作看得比什么都重要，弗里达感到在美国生孩子的前景一片灰暗。

弗里达写信给伊洛瑟尔医生，询问他关于能否安全怀孕至足月的问题：是先在底特律生孩子再回墨西哥更稳妥，还是直接去墨西哥生孩子？她担心自己的健康，就像她在信中明确表示的那样："任何失误，死神（La Pelona）都可能带走我。"[17]（La Pelona，字面意思是"秃头"，在墨西哥俚语中代表死亡）。在等待伊洛瑟尔医生的回复期间，弗里达决定先听从普拉特医生的建议继续妊娠。她早就有做母亲的想法，一想到要有个孩子，她就欣喜若狂，这是她在交通事故后已经放弃却又燃起的希望。

6月底，弗里达有点见红。她咨询了普拉特医生，医生告诉她不要惊慌，一切都很好。7月4日，弗里达开始大出血，被送到亨利·福特医院救治，在那里，她因流产失去了孩子。她在医院里住了两个星期。尽管她一直纠结到底要不要生孩子，但怀孕失败对她来说仍是一次痛苦的经历。在给伊洛瑟尔的信中，她告诉他，她哭了又哭，因为她想要一个"小迭戈"，这个愿望让她心潮澎湃，但事与愿违。

住院期间，弗里达恳请医生让她看看胎儿，但遭到了拒绝。她又请医生借一本医学教科书给她，这样她就能凭借自己的想象来描绘出胎儿的发育阶段，或许她已经在考虑如何把这段经历描绘进自己的作品。医生们再次拒绝了她，但迭戈敦促医生们重新考虑一下，并告诉他们："你在这里面对的不是一个普通人。"[18]迭戈购买了相关的教科书，弗里达后来在她的作品中加入了胎儿的图像。迭戈可能也为之感动，在自己的艺术作品中加入了他们未能出世的孩子：他把一个胎儿画在灯泡里，放在壁画的中心。

弗里达流产后，迭戈请布洛赫帮忙陪伴她，并鼓励她回去工作，他想着工作可能会缓解她的悲痛。随后，他们在酒店附近找到了一家能印刷字画的美术工作室，弗里达印了一张画，画里正是她的切身经历：画中的她，赤裸着身体，小腹内的胚胎清晰可见；她的头上戴着医院里的手术发网，颈间挂着两条串珠编成的项链；她有两条左臂，一条垂在身侧，另一条则端着一个心形的调色板。弗里达流着泪，挂在天空上的一轮月亮也流着泪。同时，一条细线贯穿整个画面，将整幅画连同画里的她分割成了两半，一半明亮、一半晦暗。她的一条腿上缠着一根脐带，脐带一端连着一个巨大的胎儿，在她身体的左侧，胎儿上方是细胞分裂图例。在画面右侧色调晦暗处，血从她的双腿间汩汩地滴落在地上，浸润着血的地面生出了人手形状和生殖器官模样的植物。整个画面被处理成了早期解剖学教科书式的风格，赤裸不加修饰，极具视觉冲击力，个性鲜明且饱含个人情感，前所未有地将流产的苦痛表现得淋漓尽致。弗里达是如何竭力克服流产的悲伤，透过这幅画可见一斑：她端着的调色板，正是她丈夫迭戈在之前与她的一幅双人像里端着的那个调色板。

流产仅两个月后，弗里达接到了墨西哥家里的电报：她的母亲得了重病。在这困顿时期，她渴望回到亲人的身边，但留下迭戈一人，她又有些担忧；迭戈也不放心弗里达刚流产没多久就长途跋涉，他还害怕游行示威会使弗里达在边界耽搁太久。于是，迭戈请露西安陪弗里达一起回墨西哥，并许诺全程费用由他来承担。

弗里达和露西安坐上了前往墨西哥的火车。她俩在得克萨斯州拉雷多滞留了十个小时。天气燥热，弗里达内心苦闷不堪，一方面担忧母亲的病情，一方面也担心着自己：她的身体还在排恶露。但火车一跨过边界，驶入墨西哥境内，她整个人都变得不同了：回到故土，吃着从火车站小贩那里买来的食物，弗里达分外快乐。露西安说弗里达似乎活了过来。9月8日，两人抵达墨西哥城。和父亲姊妹团聚令弗里达心情愉悦，只是她母亲还在医

弗里达在拉雷多（美国得克萨斯州南部城市，从底特律回家途中），露西安·布洛赫拍摄

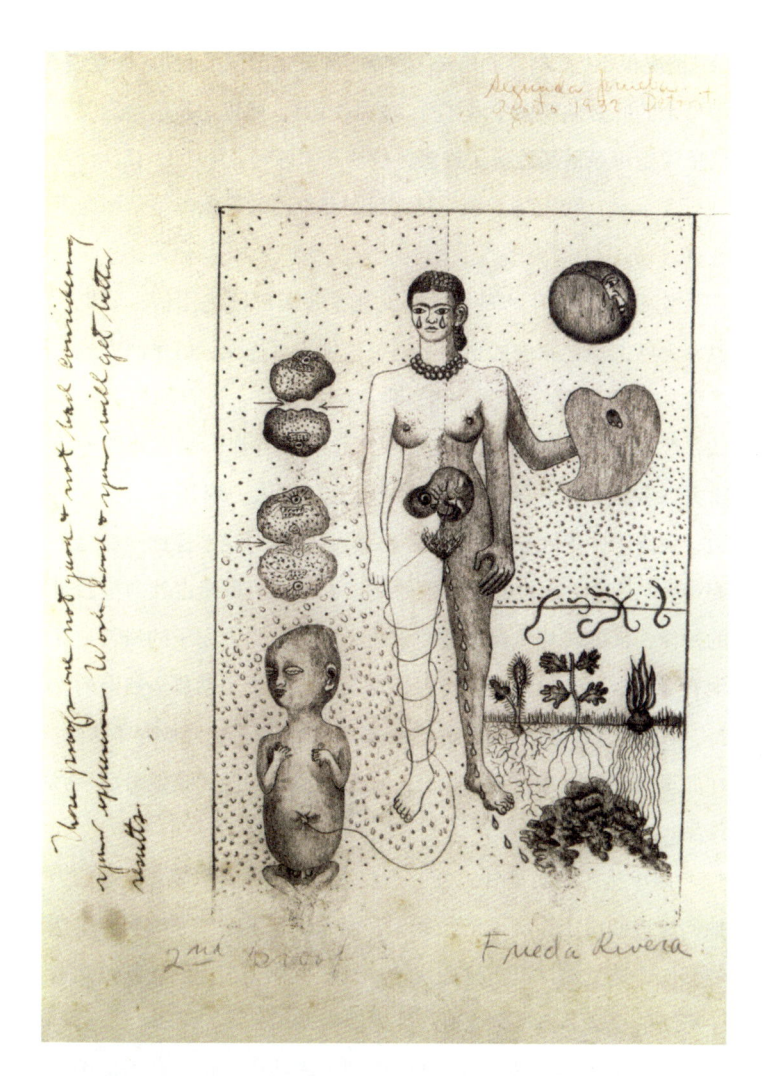

《弗里达和流产》，弗里达·卡罗，画于1932年，平版印刷，22厘米×14厘米，现收藏于墨西哥多洛雷斯·奥尔梅多博物馆

院，情况很不好。母亲乳房长了肿瘤，肝脏也出现了问题。医生说，她母亲的肝必须要做手术才行。9月10日，弗里达写信给迭戈，信里说她母亲情绪稳定了许多，病情却未好转。9月13日，母亲进行了手术，却无济于事。两天后，弗里达的母亲玛蒂尔德撒手人寰。

在弗里达离开的日子，迭戈几乎每天都给她写信，弗里达也事无巨细地把家中的情况都通过信件告诉迭戈。信里两人难舍难分。迭戈写道："没有你，我真的很难过。没有你这个小女孩，我甚至无法入睡，只能埋头工作。没有你，我不知道该怎么办。我确信我没有像爱你一样爱过任何人，现在你不在我身边，我终于知道在现实中我是多么爱你，你对我来说比生命更重要……"[19]迭戈让弗里达请她的父亲去拍摄西班牙占领前墨西哥的神像，借此转移圭勒莫的注意力，缓解他失去妻子的痛苦，让他有事可做。这项任务还可以让迭戈继续给予圭勒莫金钱上的支持，而不会挫伤他的自尊心。[20]然而，圭勒莫似乎已经放弃了摄影。在弗里达回美国之前，圭勒莫为弗里达拍摄的照片是他最后一张作品。

弗里达在墨西哥时，去了圣天使区验收奥戈尔曼几个月前为他们建造的房子。房子已经完工，但她很不满意。考虑到弗里达的想法，迭戈建议出售这所房子，让奥戈尔曼为他们重新再建造一所新的房子，但这个愿望终究未能实现。

弗里达和露西安在10月底回到了底特律。迭戈被当地医生严格控制饮食后，在弗里达离开的六个星期里减掉了超过45公斤。

弗里达在火车站一开始竟未能认出他，她为迭戈因减重而经受的痛苦感到怜惜。

弗里达再次以饱满的热情投入绘画创作中。其间，最让人震撼的一幅作品是《亨利·福特医院》，最开始她把这幅画命名为"失落的渴望"。弗里达采用了墨西哥还愿画的传统元素，在马口铁上创作了这幅油画。她并没有运用复杂的透视效果，却把她流产的痛苦展现得淋漓尽致。画面中，她躺在医院的病床上，床框的两边分别写着"1932年7月"和"亨利·福特医院"。床后的背景是荒无人烟的底特律，地平线上林立的厂房建筑象征着这座城市的工业化。弗里达赤裸地躺在床上哭泣，她的头发蓬乱，身下的床单已经被血浸透。在她隆起的肚子上，她的手抓着一束红线，这些红线牵连着一些悬浮在她周围的物体，以象征她经受的折磨，其中有胎儿、女性生殖系统的模型、骨盆、蜗牛、兰花和机器。她利用自己从书上学到的医学知识，将胎儿和器官描绘得细致入微。在一次采访中，她解释了这些物体的寓意。蜗牛代表的是漫长的流产过程，她说那就像蜗牛一样"软绵绵的，被包裹着的，但同时又很脆弱"。兰花象征着迭戈带给她的性爱和情感，机器则暗示着她遭受的无情折磨。[21]

这些意象突破了传统形式和符号的藩篱，创造出鲜明的寓意对比，为观者带来一种强烈的冲击。在这里，斜躺在床上的女人并不是欲望的象征，而是痛苦和失落的源泉。有人把这幅画看作是《耶稣诞生》的对立面，[22]因为它展现的不是生命的诞生，而是希望的陨落。围绕在弗里达身边的不是《耶稣诞生》中的那些

左上图|《亨利·福特医院》，弗里达·卡罗，画于1932年，金属板油画，30.5厘米×38厘米，现收藏于墨西哥多洛雷斯·奥尔梅多博物馆

右上图|《我的出生》，弗里达·卡罗，画于1932年，金属板油画，30.5厘米×35厘米，私人珍藏

人和动物，而是死胎和苦难。

弗里达回到底特律后很快又创作了另一幅作品——《我的出生》。空旷的房间正中摆着一张床，床上是一个女人，头和上半身都被床单蒙着，露出下体，弗里达的头从她打开的大腿中间裸露出来。床头上方挂着一幅画，画上是悲伤的圣母玛利亚。这幅画涵盖了墨西哥传统还愿画的所有元素：在马口铁上创作，画面上半部分有宗教人物，床上是要被拯救的人，画面下方留着题字的空间，但上面空空如也，代表着期待的奇迹并未发生。通过这幅画，弗里达好像要把她生命中三个重要的事件融合在一起：她的出生、她的流产、她母亲的离世。画中的女人既可以看作是弗里达本人，也可以认作是她的母亲，而出生的孩子可能是弗里达

弗里达正在创作《墨西哥与美国边界上的自画像》，摄于1932年，底特律

或是她流掉的孩子。她把这些生与死的画面嵌套在一起，试图编织出生命无限循环的意象。

弗里达还很勇于打破艺术创作的禁忌，描绘了一些残酷、真实的个人经历。她有一幅作品画的就是一位女性双腿张开分娩时的场景，那血迹斑斑的床单，让人触目惊心。然而，她不是第一位这样赤裸裸地描绘女性分娩的艺术家，早在被西班牙殖民之前的墨西哥就有类似的画作，尤以对阿兹特克女神特拉索莉捷奥特莉的描绘为代表，她以蹲姿分娩，双腿之间会冒出婴儿的头。

《墨西哥与美国边界上的自画像》,弗里达·卡罗,画于1932年,金属板油画,31厘米×35厘米,现收藏于纽约

也许是为了回应她丈夫的信念,即把南方富饶的自然资源、古老文化与北方的现代技术和工业结合起来,创造出日新月异的美国文化,弗里达画了一幅自画像,名为《墨西哥与美国边界上的自画像》。她站在两个截然不同的世界的分割线基座上。画面左侧,墨西哥被描绘成一个孕育着自然生命和古老文化的国度,以金字塔、太阳和月亮为特征,还有一些从破败的墙壁根部延伸到地面的植被,

—— VISITING HOMES OF INTERESTING PEOPLE ——

Wife of the Master Mural Painter Gleefully Dabbles in Works of Art

By FLORENCE DAVIES.

SOMETHING about the hilarious incongruity of a stuffed lion, a plaster-of-Paris horse, and a colored chromo of George Washington draped in garlands of red, white and blue crepe paper, all jumbled in the same shop window, proved to be too much for the sense of humor of Senora Diego Rivera, and so she simply had to do something about it. What she did was to go home and paint it, which may surprise people who think that Diego Rivera, the great mural painter now at work at the Detroit Institute of Arts, is the only artist in the family.

That, however, is all a mistake, since his wife, Carmen Rivera, or "Freda," as her friends call her, is a painter in her own right, though very few people know it.

"No," she explains, "I didn't study with Diego, I didn't study with anyone. I just started to paint."

Then her eyes begin to twinkle. "Of course," she explains, "he does pretty well for a little boy, but it is I who am the big artist." Then the twinkles in both black eyes fairly explode into a rippling laugh. And that is absolutely all that you can coax out of her about the matter. When you grow serious she mocks you and laughs again. But Senora Rivera's painting is by no means a joke; because, however much she may laugh when you ask her about it, the fact remains that she has acquired a very skillful and beautiful style, painting in the small with miniature-like technique, which is as far removed from the heroic figures of Rivera as could well be imagined.

Thus, while her husband paints with large brushes on a huge wall surface, his wife, herself a miniature-like little person with her long black braids wound demurely about her head and a foolish little ruffled apron over her black silk dress in lieu of a smock, chooses a small metal panel and paints with tiny camel-hair brushes.

In Detroit she paints only because time hangs heavily upon her hands during the long hours while her husband is at work in the court. So thus far she has finished only a few panels. The window of the shop where street decorations are manufactured was obviously done in the spirit of humor. A little more seriousness however had gone into a portrait of herself standing on the border line between Mexico and the United States.

In the center of the picture, standing on a little gray stone bearing her name and date, is a full length portrait of herself clad in a

HERE is Senora Rivera at work on a self-portrait, with her version of herself standing on the border line between Old Mexico and the present-day United States, painted with miniature-like skill.

charming pink frock, with long lacy mitts, and holding a tiny little Mexican flag. In the background are, on one side, the tall chimneys of American factories and the roofs of skyscrapers, while on the other, the ruins of old Mexican temples with the fruits and vegetables of Mexico in the foreground on the one side and small bits of machinery representing this modern world on the other side.

"But it is beautifully done," you exclaim. "Diego had better look out."

"Of course," she cries, "he's probably badly frightened right now;" but the laughter in her eyes tells you that she's only spoofing you—and you begin to suspect that Freda believes that Diego can really paint.

— By News Staff Photographer.

1933年2月，《底特律新闻》

西班牙殖民之前的墨西哥土著也被点缀于其中。画面右侧，美国国旗飘扬在烟雾、摩天大楼和工业机械的上空。画面中间，一条电源线蜿蜒穿过边境，从墨西哥那边的植物根部获取能量，为工业化的美国提供食物。弗里达站在两个国家的中间，身穿一件粉红色的礼服，戴着长长的无指白手套。她一手拿着墨西哥国旗，一手拿着一支香烟。基座上写着："1932年，卡门·里维拉画了她的肖像。"弗里达是一名民族主义者，但她并没有将这两个国家理想化，画中表明墨西哥是富饶而混乱的，美国是井然有序却贫瘠的。她清楚地看见了这些国家相互独立又对立的一面。与她丈夫形成鲜明对比的是，弗里达展示了两个国家的缺点，她的丈夫则更喜欢用理想化的形象来传达他的国际主义信仰。弗里达的工作强度比以往大了很多，不过她依然保持着谦虚的态度，表示自己的艺术创作只是一种消遣。在写给洛克菲勒夫人的信中，她说自己偶尔画画，不想自诩为艺术家，她甚至不希望自己空闲下来，因为忙碌能让她忘却一些烦恼。1933年2月，底特律的一家报纸刊登了一篇关于弗里达的文章，标题是"欢乐戏水大师之妻"。尽管标题给人十分傲慢的感觉，作者却在文中对弗里达的才华表示认可："她的画技娴熟，风格优美，以精巧、细致入微的笔法入画，与迭戈·里维拉描绘的英雄人物相去甚远。"[23] 文章所附的照片是弗里达穿着褶边围裙在画她的《戴项链的自画像》，这是她在底特律完成的作品之一。

迭戈为花园庭院所作的壁画耗时十个月之久。在这组壁画中，迭戈描绘了技术与生物之间的和谐关系，同时展示了现代技术可

弗里达和迭戈在底特律美术馆

能导致的善与恶。此外，他还呈现了福特汽车工厂理想化的工作场景——来自不同种族的人在一起工作。这组壁画未完成时就有一些争议，完成后更是引起了一片哗然，有人认为壁画应被销毁，有人却不吝赞美。当时，迭戈表示这是他创作过的最大的一组壁画。埃德塞尔·福特只说："我喜欢这些画，并正式将其纳入底特律美术馆收藏。"

迭戈已做好下一步的计划。他还在底特律创作时，纽约市洛克菲勒中心的美国无线电城市大楼的建筑师雷蒙德·胡德找到了他。在纳尔逊·洛克菲勒的要求下，雷蒙德·胡德委托迭戈创作一幅93平方米的壁画。3月18日，即底特律壁画向公众开放的第二天，迭戈和弗里达动身前往纽约，他们重新入住巴比松广场酒店。虽然弗里达最想回到的地方是墨西哥，但她仍很高兴再次来到了纽约，因为纽约比底特律更得她心意。

一如既往，迭戈立即投入壁画《十字路口的人》的创作中。纳尔逊和艾比·洛克菲勒密切关注着壁画的进展情况，看到迭戈计日程功，他们感到无比满意。大家一开始都没有觉得壁画的主题有何不妥。然而，4月24日，《纽约世界电讯报》发表了一篇题为"里维拉在美国无线电公司的墙上进行共产主义主题壁画创作——小洛克菲勒为其赞助"的文章，他们开始表现出一丝担忧。几天后，迭戈在壁画上加入了弗拉基米尔·列宁的头像。洛克菲勒家族立马传信，要求他按之前拟就的草图，将列宁的头像换成无名之辈的工人。迭戈处境艰难：如果就此妥协，那么人们会认为他背弃了自己的艺术气节。他的助手威胁说，只要他向洛克菲勒家族让步，他们就此罢工。迭戈虽然坚持自己的立场，不过他也提出了一个折中的方案：愿意在壁画上加上亚伯拉罕·林肯的头像。对洛克菲勒家族来说，这个方案无异于以水投石，令他们无法接受。所以他们在全额支付了迭戈的创作费用后，于5月9日取消了这个项目。后来，这幅壁画遭到了捣毁。

壁画项目就此落空，这对迭戈来说是一个沉重的打击，他决定拿着这笔佣金另找墙壁重画这幅画。由于一时找不到合适的墙壁，迭戈开始为新工人学校绘制一系列可移动的壁画（共完成21块活动画板），他将其命名为"美国肖像"。

上图丨弗里达和迭戈站在纽约琼斯海滩的合照,露西安·布洛赫摄于1933年
下图丨露西安、迭戈和弗里达在纽约新工人学校的合照,摄于1933年

迭戈被洛克菲勒解雇后不久，他和弗里达从巴比松广场酒店搬到了西十三街 8 号的一套两居室里，这里离迭戈工作的地方近一些，他们也因此无须再为巴比松广场酒店的骄奢势利而烦忧。两人在公寓里日夜设宴招待宾朋。在这里，门卫不会因为他们的朋友"身份不合适"而将其拒之门外。路易丝·内夫尔森和她的朋友玛乔里·伊顿在同一栋楼租了一套公寓，两人携手成了迭戈的助手。迭戈整日和内夫尔森待在一起，很快，其他助手就发现他们两人生出情愫。露西安作为弗里达的忠诚密友，为此愤愤不平，她在日记中写道："弗里达如此完美，谁都无法取代她。"[24]

数月之后，迭戈和弗里达又搬到了第五大道的布雷武特酒店，该酒店位于格林威治村第八街和第九街之间。布雷武特酒店建于 1845 年，庄严富丽，早已成为艺术家和波希米亚人欢聚之地，它的一楼还有一家巴黎风格的咖啡馆。然而，他们在这里的时日并不快乐，几个月来，两人一直在为是否回墨西哥争吵不休。迭戈当时一直在协商为芝加哥的世界博览会创作一幅壁画，但在与洛克菲勒家族的矛盾引起轩然大波后，壁画之事随之泡汤。1933 年年底，迭戈身无分文，前景黯淡，只好沮丧地同意回墨西哥。他们的路费还是朋友帮忙凑齐的。12 月 20 日，他们登上回墨西哥的船。迭戈内心失望苦楚，尽管弗里达归乡心切，但因为迭戈郁郁寡欢，弗里达委实开心不起来。

CHAPTER * 5

第五章
在圣天使的分分合合

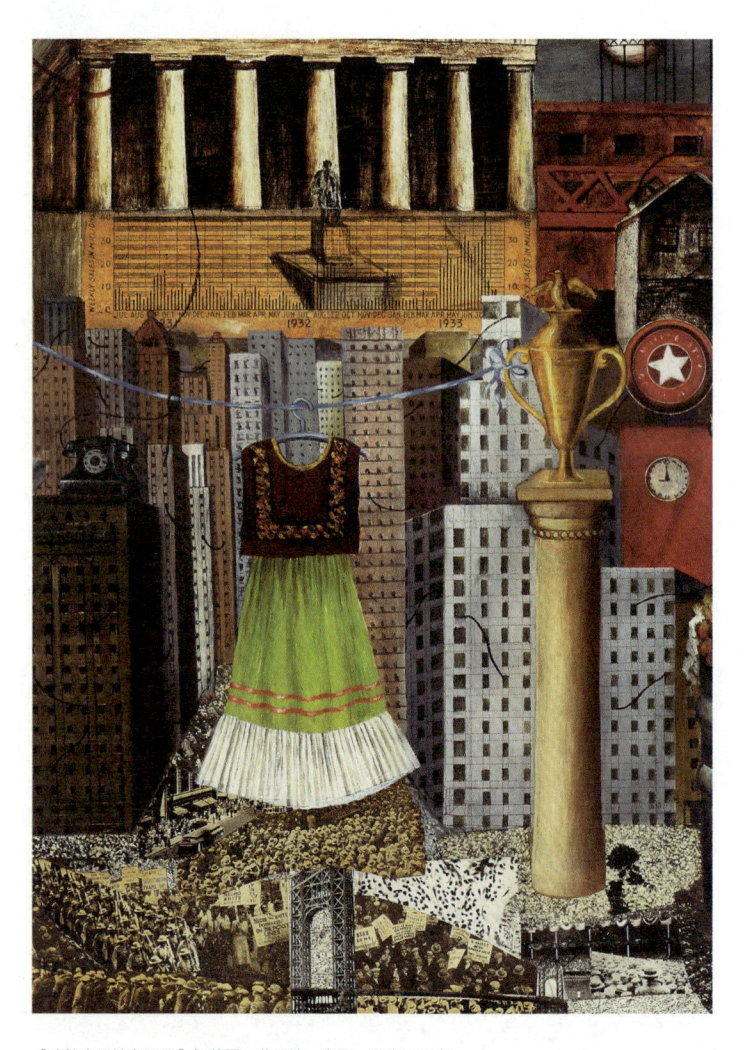

《我的衣服挂在那里》细节图,弗里达·卡罗,画于1933年

回到墨西哥后，弗里达和迭戈在墨西哥城圣天使区帕尔马斯及阿尔塔维斯塔街道的拐角处安顿了下来，并住进胡安·奥戈尔曼为他们设计建造的一套兼具住宅和工作室两个功能的房子。他们的新家与弗里达在科瑶坎的家相距约4千米，弗里达的父亲、克里斯蒂娜和她的孩子们仍然住在那里。

和弗里达一样，奥戈尔曼的父亲是移民，母亲是墨西哥人。奥戈尔曼从小也在科瑶坎长大。他和弗里达年纪相仿，自幼相识，也曾就读于国立预科学校，后又在墨西哥国立大学学习艺术和建筑。他既是一名画家，也是一名建筑师。奥戈尔曼深受瑞士建筑师勒·柯布西耶的作品及其现代建筑原则的影响。柯布西耶认为，建筑的形式应该由其用途、材料、结构等实际因素来决定。奥戈尔曼希望在墨西哥的土地上能把这些理念变为现实。

24岁时，奥戈尔曼就用他当插画家挣来的钱从阿尔塔维斯塔网球俱乐部购置了一大块土地。他按照勒·柯布西耶的建筑理念，为父亲塞西尔·奥戈尔曼设计并建造了一栋住宅，他认为这是"墨西哥第一个功能主义住宅"。这所房子四四方方的，由钢筋混凝土建成，没有任何矫饰。上层的工作室有三面落地窗，采光充足，外面有一座优雅的弧形楼梯直通到工作室。

奥戈尔曼曾邀请迭戈来欣赏他的作品，迭戈对他的建筑风格以及设计理念大为赞赏。尽管奥戈尔曼为追求建筑的实际功能，在审美上有所折中，但迭戈仍然认为他的建筑作品十分美观。两人不谋而合，甚至认为这种建筑将会推动社会的进步和政治的改革：建筑周期短，成本低，这样可以为更多的人提供学校和住房。

圣天使区房子的平面图，建筑师胡安·奥戈尔曼设计

奥戈尔曼按成本价将一部分房产卖给了迭戈，条件是让迭戈雇用他建造一个相同风格的住宅工作两用房。迭戈也很乐意奥戈尔曼成为他的建筑设计师，最终奥戈尔曼为迭戈夫妇建造了两栋独立的房子——迭戈和弗里达一人一栋。

房子的周围，围绕着密密而立的风琴管仙人掌，以形成一道天然的篱笆。两套房子形似两块并排对立的水泥块，并由顶层的一道窄桥将两座房子连接起来。大房子涂成暗粉色和白色，小房

圣天使区的房子，圭勒莫·卡罗拍摄

子涂成深蓝色。迭戈的大房子位于街角，非常显眼，用来接待访友和客户，弗里达的小房子则相对幽深隐秘，还有独立的门可以自由进出。房屋由细长的钢筋柱支撑，下面有一个荫蔽的庭院，阴凉处设有停车位。整栋房子还专门留出了一些用来放置夫妇收藏的大型雕塑的空间。大房子一楼有厨房兼餐厅，用来招待客人。房屋的一侧设计了一排由混凝土建成的螺旋楼梯，为四四方方的房屋结构增添了独特的螺旋曲线，与房屋主体相得益彰。室内不同楼层之间也有楼梯连接。一楼是迭戈用来展示他画作和前西班牙时期艺术藏品的开放式大展厅，这一层还有几间小卧室和一间浴室。

迭戈的大工作室位于二楼。这块工作区域独具匠心，专为画家精心设计。勒·柯布西耶曾有名言"住房是用来居住的机器"，迭戈工作室则被设计成了一个"追光的机器"。奥戈尔曼在这个设计中借鉴了巴黎奥占芳别墅的设计理念，该建筑是勒·柯布西耶于1922年为画家阿梅德·奥占芳设计的。[1]迭戈工作室的墙上有一扇很大的落地窗，窗户向外突出，正对北方，以确保自然光全年都可以均匀地照射进室内。工作室的天窗屋顶呈锯齿状，使房间可以接收更多的自然光。在工作室的另一端，奥戈尔曼为迭戈搭建了架板，以存放他的绘画材料。双层天花板的一侧非常高，方便迭戈创作可移动的壁画等大型版画。这一层还有一间卧室和浴室。站在顶层的画廊里，放眼望去便可看到迭戈的工作室。顶楼上有一处小办公区，一扇通向露台的门和一个连接房屋露台的人行天桥。在蓝色房屋的屋顶下方，管状栏杆的悬臂式楼梯沿着墙的一侧蜿蜒通向一扇大窗，推开窗户，就是二楼的工作室。

弗里达的工作室三面环窗，通彻明亮。和她的房子一样，弗里达的工作室比迭戈的更加紧凑。除工作室外，这里还有一间客厅、一间卧室、一间浴室和一间小厨房。与迭戈的房子相比，虽然弗里达的工作室空间狭小，但其临街的窗户却轩敞明亮，这也或多或少地减去了几分隐秘。[2]在西班牙语中，这种房屋结构被称为"联栋住宅"，虽然连接在一起，却不尽相同。迭戈的房子和工作室空间更大、更为显眼，这也反映了他的社会地位和更高

建筑师胡安·奥戈尔曼站在圣天使区房子中的画廊里俯瞰迭戈工作室

一筹的绘画技艺。两座房子附近还有一所小房子，这所小房子原本打算留给圭勒莫·卡罗用作工作室和暗室，但他却从未使用过：爱妻去世后，他的身体每况愈下，从此放弃摄影。

从各个方面来看，包括成本、材料、空间和时间，奥戈尔曼的功能主义建筑理念无处不在厉行节约。这些房子的建筑材料是混凝土、钢铁和石棉，都非常便宜。外设管道和电气设备也采用了极简设计，不见任何浮华的装饰和点缀。乍眼看去，房子的外观、迭戈工作室的锯齿形屋顶、屋顶上的水箱、钢管栏杆……

这些元素浑然一体，俨然就是一个工厂。奥戈尔曼还为整个建筑增添了一些传统的墨西哥元素，譬如仙人掌栅栏，这在墨西哥乡村比比皆是，在城市里却不多见；再譬如别具一格的外墙颜色，从中透出了前西班牙的艺术风格。他还在房间里布置了一些现代派风格的金属和钢管家具。不过很快，弗里达和迭戈便在房屋里烙上了他们的鲜明印记——他们在房间里添置了传统的墨西哥家

弗里达站在独具一格的楼梯前

具、草席、巨大的纸糊人偶和前西班牙风格的雕塑。

这是一处上流社区，以殖民主义和新古典主义建筑为主，而这座功能主义风格的建筑赫然立在其中，令邻居们怨声载道。更糟糕的是，这栋房子地处一个非常显眼的街角，与圣天使酒店隔街相望。圣天使酒店是一家高档餐厅和酒店，这里原来是一座17世纪的加尔默罗修道院。很多人对这栋房子冷嘲热讽，说应该拆掉它，但也有人欣赏奥戈尔曼这种现代主义的建筑风格。后来，墨西哥教育部部长雇用奥戈尔曼，希望他以同样经济实用的设计理念来建造学校。

迭戈很喜欢简单质朴的画室，欣赏它朴实内敛的美，这也刚好符合了他反对铺张奢靡的政治倾向。不仅如此，房屋的工厂式架构呼应着他的工人阶级身份。他还看到了这套房子的诸多好处：与弗里达相距咫尺，这样可以方便弗里达来照顾他的生活起居，打理他的私人及工作事务；同时，他纵情恣意、随心所欲，家中女宾客往来不断，这样的空间分割又可以使他们保持一定的距离。他甚至对记者说，两栋房子分开而立是为了"维护家庭和谐"。

起初，想到能有自己的工作空间，弗里达是饶有兴致的，不过后来她发现，这房子她的丈夫住得怡然自得，却并不适合她，多层次的楼梯狭窄逼仄，无形加剧了她的身体痛苦。迭戈从美国回来后就一直郁郁寡欢，空间上离她也不近：为了到他的工作室去看他，弗里达得走上好几段楼梯。弗里达想为迭戈和他们的客人准备精致的菜肴，却因厨房狭小不能如愿。此外，这栋房子没有中央庭院。在她科瑶坎的家中，庭院是核心区域，家人们可以在那里共享天伦；相反，圣天使的家彼此分立，致人疏远。即使弗里达已经在尽可能地去适应这种生活，但最终她只在这里度过了几年。

在弗里达和迭戈从美国回到墨西哥的几个星期前，一位新总统就职了，这位总统和他们一样关心工人和农民的福祉。拉萨罗·卡德纳斯是普卢塔科·埃利亚斯·卡列斯的门生，卡列斯是"革命最高领袖"，在过去的十年中一直统管着墨西哥的政治事务。卡列斯支持卡德纳斯参选，是因为他相信卡德纳斯当选后，自己依然可以发号施令，垂帘听政。不过，卡德纳斯可并不这么打算：他把卡列斯的支持者革除公职，后又与他的政治导师正式决裂，最后迫使卡列斯流亡美国。卡德纳斯支持农民和工人运动，并将土地大规模地重新分配给农民，发放的土地竟达他之前数任总统总和的两倍之多。他还从外国公司那里收回了墨西哥自然资源开采的权利。

无论从个人情感还是职业发展出发，弗里达和迭戈都认可这个国家的政治走向，然而事情发展得并不顺利。尽管迭戈在墨西哥收到了政府壁画创作的委托，但这并没有使他产生更多的灵感，佣金也没有比他在美国时高。同时，大量的壁画创作压得迭戈透不过气来：国家宫里的两块画板尚未完工，艺术宫里的一面墙也需要他去完成。他依然对自己在美国的境遇怏怏不平，埋怨弗里达坚持要回墨西哥的决定。此外，他在底特律时体重骤减、虚弱无力，身体状况每况愈下。这段时间，夫妻二人的日子过得颇为惨淡。

弗里达在美国的时候,就已经开始着手画《我的衣服挂在那里》,后在墨西哥完成。这幅画强烈地抨击了资本主义。画面中纽约城一片萧条破败,她那件传统的特瓦纳连衣裙被悬挂在一根晾衣绳上。晾衣绳的两端伫立着两根柱子,一根放着一个马桶,另一根放着一个金色的体育奖杯。在画面上方,她描绘了纽约市的地标——埃利斯岛和自由女神像,它们象征着美国梦的美好希冀,但从画作其他部分来看,这不过是空洞虚渺的承诺。另外,摩天大楼和其他建筑占据了画作的大片部分,其中她描绘的三一教堂,玻璃窗污迹斑斑,上面还有一个缠绕在十字架上的美元符号,这无疑是弗里达对资本主义社会金钱崇拜现象的讽刺与控诉。旁边电影明星梅·韦斯特的广告海报正在脱落,而她目光所及之处,是一幢熊熊燃烧的建筑。垃圾桶里满是垃圾和人体碎片。电话线交错纵横,寓意政府、工业和教会之间的复杂联系。这幅画的底部是弗里达从报纸上剪贴上去的,上面有一群正面无表情排着队或领救济,或在警戒线后示威,或抗议游行的人们。弗里达清晰地刻画了资本主义社会的铺张浪费和物质崇拜,而民众的基本诉求难以获得满足。画面中央悬挂着她那件墨西哥的传统服饰,象征着她对这一切的反抗态度。

1934年,弗里达暂别画笔,那一年她三次住院——先是怀孕去做了人工流产,医生给她做了剖腹手术,并诊断出她的卵巢发育不完全;后来她又去切除了阑尾;第三次是因右脚疾病屡屡复发,她不得不再次接受手术,医生切除了她的脚指头,术后,她恢复得异常缓慢,伤痛缠身。[3]

弗里达、弗里达的妹妹克里斯蒂娜、迭戈、米格尔和罗莎·科瓦鲁比亚斯

1934年的夏天,弗里达发现迭戈与妹妹克里斯蒂娜有染,她万念俱灰。一个是她深爱之至的丈夫,一个是她最亲密无间的妹妹,这是彻彻底底的背叛。他们的恋情并非电光石火般转瞬即逝,两人缠绵暧昧了几个月,这对弗里达来说无疑是雪上加霜。弗里达起初希望迭戈对妹妹的迷恋会逐渐褪去,因此睁一只眼闭一只眼地接受了他们的关系。她甚至为此自责,觉得是自己阻碍了迭戈的幸福;她还认为自己是因为神经衰弱(一种以慢性疲劳为特征的病症)才久久无法释怀。弗里达也一样决定原谅妹妹,她认为只有这样才可以使自己走出这件事的阴影。她的做法虽然

弗里达·卡罗

《我的衣服挂在那里》，弗里达·卡罗，画于1933年，木板油画、拼贴，46厘米×50厘米，私人珍藏

让迭戈满心欢喜,却令弗里达自己痛苦得无以复加。[4] 1935年年初,弗里达觉得无法再忍受下去,于是搬出了圣天使区住所。离开圣天使区后,她和同父异母的姐姐玛丽亚·路易萨住了一段时间,后又在墨西哥城市中心起义者大道432号租了一套公寓。离开丈夫后,弗里达努力创造属于自己的生活。她剪短了头发,多和朋友们待在一起,并努力自食其力。不过,她与迭戈从未真正分开过,依然保持着联系。

接下来的一年,弗里达仅完成了两幅作品。在《卷发自画像》中,她的头微微侧向一边,目光凝视着前方。画中的弗里达颈前挂着串珠项链,耳朵上戴着一对银色耳环。这幅画和她在底特律画的自画像颇为相似,画面背景简洁纯朴,仅刻画了她的头部和肩膀;但与之前的自画像相比,这次她的头发剪得非常短,一头卷发紧贴着头皮。同年,她创作了另一幅画《轻轻地刺了几刀》。画面简单朴素,具有还愿画风格,只是这幅画描绘的不是什么奇迹显灵的故事,而是一个血淋淋的凶杀现场。一具血迹斑斑的女尸横躺在床上,床边站着一个戴帽子的男人。男人漫不经心地将左手插在口袋里,右手则握着一把带血的匕首,他就是用这把匕首刺了那个女人好几刀。床上的女人赤身裸体,只有右脚穿着黑色的高跟鞋,袜子被提到了小腿。女人姿势扭曲,上半身正对着前方,下半身朝向别处。男人的衬衫上、地上、床上尽是斑斑血迹,鲜血甚至飞溅到了画框上,画面惊悚可怖,观者如临其境。画面中还有一对鸽子,一只白色、一只黑色,嘴里叼着一根丝带,上面写着"只是轻轻地刺了几刀"。

《卷发自画像》,弗里达·卡罗,画于1935年,金属板油画,19.5厘米×14.5厘米,私人收藏

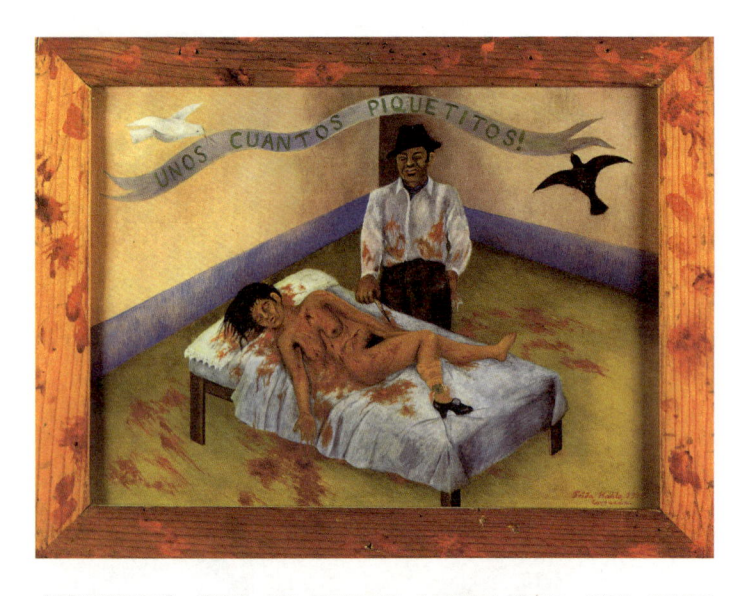

《轻轻地刺了几刀》,弗里达·卡罗,画于1935年,金属板油画,30厘米×40厘米,现收藏于墨西哥城多洛雷斯·奥尔梅多博物馆

弗里达说,这幅画取材于一则新闻,一个醉汉捅了一个女人20刀,当这个醉汉被问及为什么要这么做时,他回答:"我只是轻轻地刺了她几刀。"弗里达创作此画时采用了还愿画的风格,还借鉴了何塞·瓜达卢佩·波萨达的作品。波萨达是著名的插画家、雕刻师,其作品多是对政治和时事的讽刺与鞭挞。这幅画是弗里达彼时心境的写照:她说她觉得自己"被生活谋杀了"[5]。画面中,凶杀者对自己的所作所为无动于衷,这也映射了弗里达因迭戈伤得千疮百孔,迭戈却漠不关心的现实。这幅画同时控诉了社会对

男人和女人的双重标准。弗里达在这幅画的草图上写了一行字，这可能是一句歌词："爱人她已变心，爱上某个恶棍。今天我把她掳来，她死期已至。"这点从侧面说明了受害者是因为感情不忠惨遭严惩。男人可以四处寻花问柳，风流成性，若女人也这般行事，处处留情，便会遭千夫所指。[6]

弗里达因迭戈出轨痛苦万分，迭戈却重新燃起了创作激情，全情投入工作中。他开始在国家宫楼梯左侧回廊上创作壁画《当代墨西哥》。克里斯蒂娜是他的模特，画中她的眼神茫然若失，身边是她的两个孩子——伊索尔达和安东尼奥。弗里达则化身一位教师，站在克里斯蒂娜的身后，手拿着一本书正准备给小男孩阅读。迭戈在完成国家宫的作品后，又开始去艺术宫进行创作，重新画了一幅之前在洛克菲勒中心被摧毁的壁画《十字路口的人》。相比之前的墙壁，艺术宫的墙壁要小得多，于是他对画作稍加修改，将其更名为"人类：宇宙的控制者"。他还受邀去阿贝拉多·罗德里格斯集市绘制壁画，但因身体抱恙，他打算雇几个人画，自己做监工。

弗里达心血来潮，和好朋友安妮塔·布伦纳、玛丽·夏皮罗一起去了纽约旅行。在纽约，她与露西安·布洛赫、伯特伦·沃尔夫和艾拉·沃尔夫结伴同游，朋友们都十分关切她和迭戈的事，她便把自己的苦闷与烦恼向他们一吐为快。几番倾诉后，弗里达内心愈加明白，她依然深爱着自己的丈夫，即使他伤她至深，她也依然想和他在一起。7月，身在纽约的她开始给迭戈写信："所有这些你寻欢作乐的女人，无论是英语教师、吉卜赛模特、热心的助理,还是远方的使者……都不过是你在逢场作戏,而在内心深处你我相爱。一路走来,无数次我们历经险阻,曾争吵不休,摔门而去,也曾狠心诅咒,互相羞辱,但我们仍然深爱着对方。我们相处的这七年时光,这些事情反反复复,我的愤怒、我的痛苦,都在向我诠释——自始至终,我对你的爱刻骨铭心,爱你胜过爱自己。你可能不会以同样的方式爱我,但无论怎样,你多少还是爱我的,对吗?"[7]

她原谅了迭戈,搬回了圣天使区。后来,她也真正原谅了克里斯蒂娜。接下来的几年里,这对姐妹变得亲密无间,在弗里达卧病不起的岁月,克里斯蒂娜一直陪在她的床边悉心照料,不离左右。弗里达与迭戈和解后,她似乎明白了,他俩之间的婚姻注定是开放的、无所羁绊的,因此弗里达也开始变得放荡不羁。据他们的朋友、迭戈的传记作者伯特伦·沃尔夫所说,他们一个爱博不专,一个风流成性,两人各自寻欢,肆意纵情,彼此的依赖和信任却日益加深。[8]迭戈明目张胆地拈花惹草,从不多加隐瞒;弗里达却很谨慎,对婚外关系隐秘小心,通常是让妹妹或另一个朋友代为传信,信的署名都是杜撰的,她会在科瑶坎的家中或别处与情人秘密幽会。迭戈对她和其他女人的风流韵事没有不满,但无法容忍她跟其他男人偷情。

1935年的整个夏天,一直到夏末初秋,弗里达与壁画家伊格纳西奥·阿奎尔有过一段轰轰烈烈的恋情,但很快热情褪去。后来她又与野口勇情投意合,两人缱绻羡爱了相当长的一段时间。野口勇是一位日裔美国雕塑家,他的一个艺术项目获得了奖学金,

野口勇，摄于1940年纽约

因此有机会来到墨西哥。他向迭戈提交了一份提案，要在阿贝拉多·罗德里格斯集市绘制一幅1.8米高、2.2米长的浮雕壁画，并将其命名为"1936年，从墨西哥看历史"，迭戈同意了。在创作壁画时，野口勇遇到了弗里达，两人互生情愫。迭戈发现他们的风流韵事后，妒火冲天，并挥着枪把这位雕塑家轰了出去。[9]弗里达不得已结束了这段关系，但他们仍然是好朋友。野口勇后来送了弗里达一个蝴蝶饰品，她把它挂在了床篷上。

1936年，弗里达只创作了一幅画——《祖父母、父母和我》。这一年，西班牙内战爆发，弗里达再次投身政治。她和其他支持者一起成立了一个团结委员会，帮助共和军对抗佛朗哥的国民军势力。弗里达和迭戈都十分热心参加政治活动,两人并肩作战,对彼此的感情与日俱增。

夫妻俩除了热衷于参加政治活动,还喜欢收藏民间艺术品。迭戈酷爱前西班牙艺术,多年前就着手收藏。在上段婚姻中,他在"圣物"般的收藏品上不吝巨资,前妻卢佩多有怨言,两人因此矛盾重重。卡罗一家在科瑶坎的房子里已经有许多藏品,但圣天使区的房子也要装饰,弗里达和迭戈便开始全心全意地收集藏品。弗里达心仪还愿画,两人对各种各样的流行艺术也倾心有加。他们喜欢被这些藏品包围着,也愿意支持创作者。

在阿贝拉多·罗德里格斯集市监工壁画时,迭戈遇到了一位销售大型纸制人像的女人,这个人名叫卡门·卡瓦列罗·塞维利亚,但大家更愿意叫她多娜·卡门。她制作了"犹大"的纸质人像,用于传统墨西哥圣周庆祝活动。这些"犹大"周身缠满鞭炮,一点着就会燃爆。有的状如魔鬼,有的形似现任政客,以针砭时弊。多娜·卡门还制作了巨大的骷髅,西班牙语叫作卡拉维拉斯,以纪念亡灵节。卡门的每一件作品都是如此独特,令迭戈印象深刻,他在她那儿定做了几件装饰品来点缀画室。不过多娜·卡门更喜欢将作品卖给弗里达,她说弗里达的出价更高(弗里达的朋友说她从不讨价还价)。有一次,多娜·卡门与人发生争执,被人打掉了牙齿,弗里达送了几颗金牙给她。[10]

弗里达和迭戈支持的另一位民间艺术家是雕塑家马多尼奥·麦格纳,他被人们亲切地称为"马格尼"。这对夫妇第一次看到他的作品时,他已经50多岁了,正在科瑶坎的一所露天艺术学

上图｜迭戈夫妇和"犹大"纸质人像
下图｜弗里达手持马多尼奥·麦格纳制作的雕塑

校做搬运工。这位自学成才的雕塑家从小就爱好雕刻，他用木头和石头雕刻，描绘了墨西哥农场主和农民的日常生活。迭戈称他是"墨西哥最好的当代雕塑家"，他买下了麦格纳的许多作品，还帮助麦格纳在艺术宫组织了一场展览。麦格纳后来成了这所美术学校的教师。

1936年9月，迭戈加入托洛茨基国际共产主义联盟的墨西哥分部。几个月后，迭戈向墨西哥总统卡德纳斯提出为里昂·托洛茨基提供政治庇护的请求。自1929年以来，这位俄国革命领袖一直流亡国外，他曾在土耳其、法国和挪威生活过，但最后走投无路。卡德纳斯总统同意向他提供政治庇护。1937年1月，托洛茨基和妻子乘坐邮轮抵达坦皮科港，不巧的是，他们到达时迭戈生病住院了，弗里达前去迎接了他们。

CHAPTER 6

第六章
超现实主义之声

《水的赐予》细节图,弗里达·卡罗,画于1938年

弗里达在科瑶坎的家中热情款待了托洛茨基和他那同为革命战士的妻子娜塔莉亚·塞多瓦。因为父亲圭勒莫去陪阿德里安娜了，克里斯蒂娜和孩子们又住在阿瓜约街上的房子里，所以这所房子被闲置了下来。托洛茨基和塞多瓦都觉得这栋房子幽雅美丽，怡然舒适，不禁松了一口气。在挪威的最后几个月里，他们一直被软禁在家，寸步难行；而眼前的环境截然不同，房间通风透气，还陈列着丰富多样的艺术品和手工艺品，天井宽敞明亮，日光充足，植物郁郁葱葱、欣欣向荣，这一切都令他们满心欢喜。不久后，托洛茨基的秘书、翻译、保镖和其他随行人员也来了，他们在这里继续革命事业。

由于托洛茨基和他的妻子一直担心会遭到斯大林主义者的攻击，弗里达和迭戈也为他们的安全感到忧心忡忡，因此在他们到来之前，弗里达和迭戈想方设法为房子做了加固处理。他们雇用建筑工人将房子外面的铸铁阳台拆掉，在窗户上加装了防护格栅，还在入口处建造了一个哨兵门岗和一座瞭望塔。[1]弗里达和迭戈大刀阔斧，不惜改变房屋的原有风格，在外墙涂上灰泥，去掉了原有的装饰，只保留了上层的回纹装饰。不仅如此，整栋房子还被漆成了蓝色，遂称为"蓝房子"。托洛茨基担心敌人可能会从邻墙发动攻击，闻此顾虑后，迭戈二话不说，慷慨地买下了旁边的地块，房屋面积随即扩大了一倍，这些空地用来营造了一座大花园。

美国托洛茨基辩护委员会新成立了一个委员会，对莫斯科审判的诉讼过程进行调查，并听取托洛茨基的证词。该委员会由著名的哲学家和教育家约翰·杜威领导，被称为杜威委员会。会议于 1937 年 4 月 10 日至 17 日举行，地址原定在墨西哥城的一个大厅，但考虑到安全和成本，他们选择在"蓝房子"会面。[2] 每天约有 50 人会前来听取托洛茨基的证词。会址戒备森严：武装警卫在房子外面巡逻，房子周围还设有 1.8 米高的沙袋和砖头路障，用以保护与会者，与会者进入该处所前都要被仔细搜查。托洛茨基在此接受了详细的审问，他用蹩脚的英语滔滔不绝地详述辩词。几个月后，该委员会得出结论，莫斯科的审判是捏造的，并在《无罪》一书中公布了他们的调查结果。然而，委员会的调查结果对斯大林主义者并没有任何影响，托洛茨基的生命安全仍遭受着威胁。

虽然弗里达和迭戈住在圣天使区，但是他们经常会去科瑶坎的家里拜访客人。平日里，迭戈和托洛茨基是用法语交谈的，但托洛茨基与弗里达交谈时说的是英语——他们的配偶英语说得都不流利。没过多久，他们的关系变得更亲密了，弗里达和托洛茨基甚至开始了一段婚外情。他们把纸条夹在书中互诉衷肠，还会在克里斯蒂娜家里秘密幽会。这段婚外情持续了几个月，于 1937 年 7 月结束。[3] 迭戈似乎对他们的关系并不知情，塞多瓦却十分清楚，她不断吵闹和抗议这段不见天日的地下情。弗里达和托洛茨基十分担心迭戈发现后会引起轩然大波，因而匆匆地断了私情。但其实是弗里达先厌倦了这个"老头子"，她用俄语这样打趣托洛茨基。后来她还勾搭上了托洛茨基的秘书，年轻英俊的让·万·海恩诺特。托洛茨基让弗里达把他写给她的信件都归还给他，

上图｜托洛茨基的妻子娜塔莉亚·塞多瓦、弗里达、托洛茨基和美国共产党委员会主席马克斯·沙特曼，摄于1937年

下图｜托洛茨基拿着马克斯·沙特曼写的《莫斯科审判背后》，摄于1937年科瑶坎

弗里达科瑶坎家中精心布置的桌子,以庆祝托洛茨基的生日

然后将其全部销毁。

迭戈对妻子和客人之间的关系毫不知情。除了塞多瓦总是不冷不热,两对夫妇的关系表面上一直维持得很好。同年11月,迭戈和弗里达为托洛茨基组织了一次庆生会,这天正好是公历十月革命的周年纪念日。他们抱着红色康乃馨,来到科瑶坎的房子为托洛茨基庆生。他们把花瓣撒在一张铺了白色桌布的长桌上,并将花瓣拼成大写字母的"第四国际"和"托洛茨基万岁"。蛋糕上涂着红色的糖衣,最重要的是,中间还装饰着锤子和镰刀的图案。当地的工会代表也参加了聚会,现场还有音乐家倾情献唱,一整天弦歌不断,乐声悠扬。[4] 弗里达送了一幅自画像给托洛茨

基，画中的弗里达身穿粉色连衣裙，披着金棕色围巾，手捧一小束野花，祝词是：最诚挚的祝福献给里昂·托洛茨基。弗里达·卡罗，1937年11月7日于墨西哥圣天使区。这幅画与她的自画像《时光飞逝》有些相似。画中弗里达站在两片拉起的窗帘中间，她不再是一个简单的墨西哥女孩的形象，而是一身优雅服装，俨然在揭示着她的资产阶级身份。虽然这幅画是她送给前情人的礼物——表面上算是对这段感情的纪念，但很可能隐喻着微妙的政治批判，即托洛茨基的运动正日益成为特权阶级关心的事。[5]

1937年和1938年，是弗里达作品的高产年。其中包括《乳娘和我》，她认为这幅画是自己的上乘作品。画中乳娘把弗里达抱在怀里，弗里达有着婴儿的身体和成人的头，穿着一件欧洲风格的白色蕾丝连衣裙。而乳娘上身赤裸，一张前西班牙的硬石面具遮住了她的面庞，左胸上的乳腺清晰可见，乳液滴向弗里达的嘴巴。一如之前的作品，弗里达的目光仍定定地望向前方。画面背景是郁郁葱葱的植物，其中有一片硕大的白色叶子，叶面上布满叶脉，纹路和乳娘乳房上的乳腺非常相似，弗里达的蕾丝连衣裙上也有着相同的图案纹路。天空阴沉灰暗，画面背景中白色的乳汁如雨般地从天空洒落，滋养着大地。这幅画取材于《圣母与圣婴》以及《基督教圣母玛利亚》中的圣母形象，弗里达巧妙构思，在画面中增添了墨西哥本土文化的符号，自己的真实生活也一并跃然纸上。在基督教艺术中，玛利亚的乳汁如基督之血，象征着滋养和拯救。在这幅画中，乳娘的脸覆盖着面具：她不是代表一个人，而是代表着滋养着弗里达的整个中美洲文化。弗里达

《向里昂·托洛茨基致敬的自画像》，弗里达·卡罗，画于1937年，布面油画，87厘米×70厘米，现收藏于华盛顿国立女性艺术博物馆

《乳娘和我》，弗里达·卡罗，画于1937年，金属板油画，30.5厘米×35厘米，现收藏于墨西哥城多洛雷斯·奥尔梅多博物馆

是在用这幅画表达自己与墨西哥土著居民一样，同根同族。[6]和《我的出生》一样，这幅画的底部画的是空白的卷轴。这些画同其他系列作品一起记录着她的一生。在弗里达创作的个人神话中，《我的出生》《乳娘和我》《祖父母、父母和我》三幅作品，似乎在无声地叙述着她出生、成长的经历。

爱德华·罗宾逊是一位美国演员、艺术收藏家，也是托洛茨基派的左翼记者。爱德华是第一批弗里达创作的赞助人之一。他和妻子格拉迪斯在去迭戈工作室看他的作品时，迭戈借机向他们展示了一些弗里达的作品。罗宾逊尤为欣赏弗里达的画作，并以每幅两百美元的价格买下了弗里达的四幅作品。想到自己可以经济独立，弗里达心潮澎湃，激动不已。这次拍卖是一个转折点，她因此倍受鼓舞，从此更加自律，勤勉作画，视画画为工作，而不仅仅是爱好。

安德烈·布勒东是超现实主义流派的领导者。1938年，布勒东在法国政府的资助下前往墨西哥，就法国艺术和文学发表系列演讲。在墨西哥期间，他非常渴望能够结识托洛茨基，也有缘认识了弗里达和迭戈。夫妻二人邀请布勒东及他的艺术家妻子杰奎琳·兰巴到圣天使小住。到达圣天使后，弗里达的作品映入了布勒东的眼帘，仅第一眼就令布勒东神魂颠倒，彻底折服，他宣称弗里达是一位超现实主义画家。布勒东说，弗里达才是真正的墨西哥艺术家，自认为不知超现实主义运动为何物的她，运用起超现实主义手法却如此得心应手，浑然天成。实际上，弗里达当然熟知超现实主义。1932年1月，弗里达在纽约很可能参观了朱利恩·列维画廊的超现实主义群展，因为她到美国后沉迷一时的娱乐消遣就是"精致的尸体"——一款超现实主义绘画游戏。

于布勒东而言，弗里达的《水的赐予》是超现实主义艺术的完美典范。弗里达在圣天使的小浴室沐浴时突发灵感并创作了此画。这幅画是以沐浴者的视角呈现的，她的目光落向自己的双脚，脚尖露出水面，趾甲涂着鲜红色的指甲油，右脚脚趾间的伤口鲜

《水的赐予》，弗里达·卡罗，画于1938年，布面油画，91厘米×70.5厘米，私人收藏

上图 | 里昂·托洛茨基、迭戈·里维拉和安德烈·布勒东,摄于1938年

下图 |（左下）托洛茨基、（上排从左到右）里维拉、娜塔莉亚·塞多瓦、瑞芭·汉森、布勒东、弗里达和让·万·海恩诺特在参观查普尔特佩克公园,摄于1938年

血淋漓，和指甲油一样鲜红。她双脚倒映在水中，腿沉浸在水里，给人一种若隐若现的感觉。脚上的鲜血汩汩流入洗澡水里，双腿周围、水面上均呈现出一个梦幻般的场景。炽热的火山上，一座摩天大楼巍然耸立，旁边的树上躺着一只死鸟，一名裸体女子半躺在水中，腰和脖子上系着绳子，绳子的两端被两股力量牵扯着：一端被一名戴着面具、腰上系着白色腰带的男子抓着；另一端则拴在由蜘蛛、蛇、昆虫和一个小小的芭蕾舞演员组成的队列上。弗里达的特瓦纳裙子漂浮在水面上，她的父母正在几簇植物后面悄悄地窥探着她。旁边沐浴的海绵上还有两个裸体的女人，坐着的是一个深肤色的女人，躺着的是一个浅肤色的女人，浅肤色女人的头正靠在深肤色女人的膝盖上。最后的这个场景是整幅画中唯一宁静平和的一幕，这两个女人很可能代表着弗里达与其他女人的情爱关系，也可能是在寓意她自身的两个部分，暗暗呼应着她的混血血统。不管何种寓意，整幅画充斥着一种死亡与毁灭的沉寂，两个女人遗世独立，对比鲜明。第二年，弗里达在《森林里的两个裸体》（原名为"地球本身"）中也画了这两个女人，姿势无异。弗里达把这幅画送给了她的朋友，女演员多洛莉丝·德尔·里欧。

1924 年，布勒东发表声明，将超现实主义定义为"心灵纯粹、自发地表达……由心灵支配，不受任何理性控制，不受任何美学或道德约束……"。[7]弗里达对这种迂腐之词不感兴趣，她把超现实主义描述得更为生动具体："打开衣橱，你原本以为里面都是衬衫，结果却突然发现了一只狮子，这种不可思议的惊喜就是超现实主义。"[8]弗里达在绘画中不沿袭成规，经常会大胆糅合各种元素和传统画法，因此布勒东把她的作品归类为超现实主义作品也就不言而喻了。不过弗里达从来不承认自己是超现实主义画家，她强调她画的是自己的现实，但她的确是因为超现实主义表现手法而声名鹊起的，对于这一点她倒也乐在其中。后来弗里达坚定地与超现实主义运动划清关系，很可能是因为超现实主义运动的主要代表人物都是男性，且作品大都是欧式风格。她写道："我不认为自己是超现实主义者……我讨厌超现实主义。对我来说，超现实主义是资产阶级的艺术表现形式，这与人们希望艺术家能够创作出真正的艺术的愿望背道而驰。我希望我的画无愧于那些与我同根同源的人，以及那些滋养我、给我力量的思想。"[9]

布勒东、托洛茨基各携妻子，与弗里达和迭戈一起徜徉了墨西哥的乡村，并在库埃纳瓦卡、瓜达拉哈拉和帕兹卡洛留下了足迹。他们畅所欲言，分享切磋彼此的艺术见解和政治观点。他们讨论时说的是法语，弗里达无法参与其中，但她似乎并不介意，因为她不喜欢布勒东，他的长篇大论也让她很反感。她更喜欢和布勒东的妻子杰奎琳待在一起，两人成了知心密友。经过讨论，布勒东、托洛茨基和迭戈制定了《独立革命艺术宣言》，这则宣言由布勒东和迭戈签署，事实上主要是由布勒东和托洛茨基起草的。托洛茨基没有签字，因为他承诺在墨西哥逗留期间不参与任何政治活动。宣言声称独立的艺术与社会革命是和谐兼容的，不过，这则宣言与迭戈之前签署的一则宣言是相违背的。1923年，迭戈曾与技术工人、画家和雕塑家联合会签署过一则宣言，该宣

上图｜弗里达和尼克拉斯·穆雷

下图｜披着洋红色披肩的弗里达，尼克拉斯·穆雷摄于1938年

言高度赞扬公共艺术，嘲笑在画架上绘画的资产阶级创作方式。而《独立革命艺术宣言》呼吁艺术的完全自由。弗里达的画主要是以小幅画作来探讨丰富的主题，当时这种艺术形式逐渐受人青睐，弗里达甚是欣慰，认为这是人们对于她的艺术作品有力参与革命斗争的肯定。

1937年和1938年，尼克拉斯·穆雷定期前往墨西哥。他与朋友米格尔和罗莎·科瓦鲁比亚斯住在一起，与弗里达再续前缘。弗里达纽约之行期间见过尼克拉斯·穆雷，但没有相关记录可以佐证。穆雷是一位知名的商业摄影师，他的事业经营得很不错，其作品曾出现在《时尚芭莎》《名利场》和《女性家庭杂志》上。在墨西哥期间，穆雷为弗里达和同行的朋友们拍了许多照片。弗里达在给他的信中署名为"Xóchitl"，这个词在那瓦特语中是"花"的意思。1938年，弗里达创作了一幅画，名为《生命之花》，似有似无地喻指着两人的暧昧之情。画中描绘了一朵红色喇叭花，但弗里达并没有临摹实物，而是另辟蹊径，将喇叭花画成了男人和女人的身体器官在鱼水之欢时的样子。这是弗里达创作的第一幅带有性意味的静物画。

朱利恩·列维是纽约一家画廊的老板，这家画廊专门展出超现实主义艺术家的作品，他邀请弗里达做一次展览。想到要与迭戈分开，弗里达忧心忡忡。尽管他们两人都各自寻欢作乐，情事不断，但迭戈的生活起居都是由弗里达亲手操持的，因此弗里达担心她若不在，迭戈会遇到很多麻烦。除此之外，她还满心忧虑迭戈会因而更加放纵，与其他女人偷情更欢。不过，迭戈鼓励弗

《生命之花》,弗里达·卡罗,画于1938年,金属板油画,18厘米×9.5厘米,私人收藏

里达要好好抓住这个职业发展的良机。他帮忙制作了一张开幕式的邀请名单，并一一给纽约艺术界的相识故交写信，详细告知弗里达画展的事情。迭戈在给艺术批评家萨姆·刘易斯恩的信中写道："我向您推荐弗里达，不是以她丈夫的身份，而是作为她作品的狂热崇拜者。她的画尖刻温柔，硬如钢铁，却精致美好如蝶，可爱甜美如微笑，深刻残酷如人生。"[10] 9 月，尼克拉斯·穆雷开始在墨西哥帮助弗里达准备画展，他帮忙挑选画作，拍摄作品，并将其整理标号，准备运送。

10 月，弗里达动身前往纽约。她可能和列维之间也曾有染，因为列维为她拍过几张照片，照片中她上半身一丝不挂，头发上的丝带也被摘了下来。与此同时，弗里达与穆雷的关系也日渐亲密。

1938 年 11 月 1 日至 15 日，弗里达在 57 街朱利恩·列维画廊举办了一场个人作品展，共展出 25 幅作品。画展的宣传册上有安德烈·布勒东的一篇文章和画作名录。布勒东说："弗里达的作品如炸弹上绑着的丝带。"弗里达看到文章是用法语写的，不禁有些沮丧，她担心这样看起来未免过于矫揉造作。除此之外，画展进行得都很顺利。纽约的不少名门望族和艺术家都出席了开幕式，其中包括弗里达的朋友野口勇和乔治亚·欧姬芙。这次画展有大约一半的作品售出，弗里达还收到了许多画作邀约，其中克莱尔·布斯·卢斯想邀请弗里达为她刚自杀的朋友多萝西·黑尔画一幅纪念性作品。

纽约的画展取得成功后，布勒东提出为弗里达在巴黎再安排

弗里达到达纽约

一场画展,这让她再次犹豫不决。想到又要与迭戈分开,弗里达十分不舍。迭戈在信中劝她前往巴黎,并告诉她,无论如何都不应该因为担心自己而错失良机。迭戈苦口婆心,让她要尽情享受所有生活的馈赠,不要放弃充满乐趣的愉快之旅。[11] 1939年1月,弗里达从纽约前往巴黎,但当她得知她的画还在海关,且布勒东并没有为展览做好安排时,她大失所望。刚到巴黎,弗里达住在芳丹街的布勒东家,与杰奎琳重聚让弗里达喜不自禁,但他们家的居住条件实在让弗里达无法适应——房屋狭小、拥挤、脏乱不堪。弗里达被安排和他们三岁的女儿同住一个房间,如此安排,也着实令弗里达郁郁寡欢。她甚至没办法洗澡,因而万般惆怅。她写信告诉迭戈,布勒东家的煤用光了,煤工却还没赶到。弗里达在布勒东的家里撑了三天,然后去了卢浮宫附近的里贾纳酒店。[12] 不过没多久她就生病了,因为细菌性胃部感染导致肾脏发炎,她不得不接受治疗,并在巴黎的美国医院住了一个星期。弗里达出院后,艺术家马塞尔·杜尚的女友玛丽·雷诺兹将她带回了位于黑尔街14号的家中。杜尚和雷诺兹亲和友善,热情好客,弗里达在他们家住得很愉悦,她在给穆雷的信中写道:"玛丽·雷诺兹真是一个极好的美国人,她和马塞尔·杜尚住在一起,并邀请我去他们家暂住。我欣然答应,因为她真的太可爱了,完全不同于布勒东的臭'艺术家'团体。她对我友善有加,关怀备至。"[13]

2月,展览事宜还是没有安排妥当。弗里达从海关取回画作,并将其带到即将举办她画展的皮埃尔·科尔画廊,但画廊的人看过之后，认为她的许多作品实在令人深感不安，尤其是《我的出生》和《轻轻地刺了几刀》，画面惊悚恐怖，不适宜展览。马塞尔·杜尚前来帮她解围，并将展览安排在另一个画廊举行。3月10日，这些画终于在雷诺科勒画廊得以展出。虽然这次展览的亮点是弗里达的作品，但他们将画展命名为"墨西哥"，展品包括墨西哥民间艺术、还愿画、曼努埃尔·阿尔瓦雷斯·布拉沃的摄影作品、前西班牙时期的艺术品以及弗里达的17幅画作。开幕式上人潮熙攘，总体来说展览很受欢迎，弗里达的作品并没有卖出去多少。弗里达向迭戈汇报说，开幕式很成功，到场人数甚至超过了纽约的展览，还有许多著名艺术家也专程前来参加。米罗和康定斯基向弗里达表示了衷心的祝贺。可惜的是，毕加索没有参加开幕式，因为他和布勒东之间有嫌隙，但这并不影响他对弗里达作品的欣赏，他还送了一对手型耳环给弗里达。弗里达对这对耳环珍爱有加，至少在两幅自画像中都出现过这对耳环。

这次展览后，法国政府买下了弗里达的自画像《画框》，这幅作品是用不同的材料杂糅绘制而成的。在一张铝板上，弗里达以蓝色为背景画了自己的肖像，肖像的上面还铺置了一块玻璃，墨西哥民间艺术风格的花鸟图案跃然其上。这是法国公共艺术藏品中第一件20世纪墨西哥艺术家作品。这幅画最初在圣保罗博物馆展出，后来也在蓬皮杜艺术中心展出过。在拉弗莱什，福柯对弗里达的作品赞不绝口，他说她的作品是"一扇开启艺术无限性和连续性的大门"[14]。

弗里达在巴黎的时候，和杰奎琳共度了一些时日。她们参观

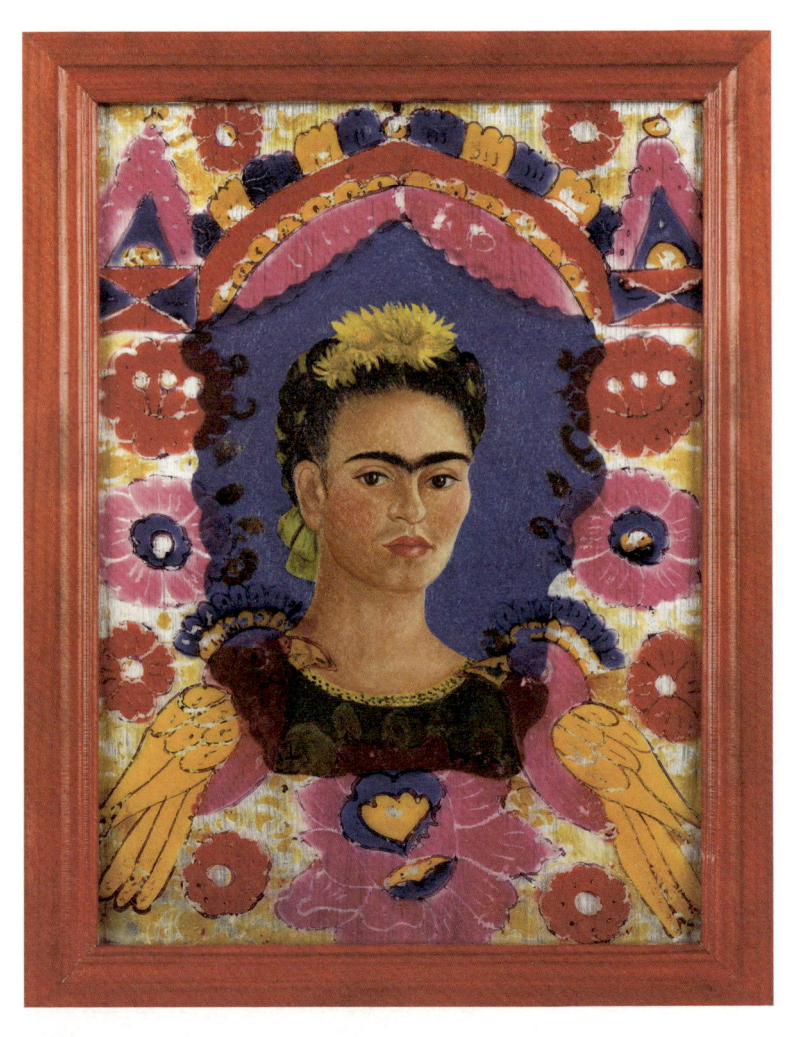

《画框》,弗里达·卡罗,画于1937年,金属板油画,固定木框,28.5厘米×20.5厘米,现收藏于巴黎蓬皮杜艺术中心

卢浮宫，游逛跳蚤市场，买了一些二手玩偶。她还去参观了援助西班牙内战的难民委员会。看到难民穷困潦倒，生活凄惨，弗里达甚是悲伤，于是她开始组织募集资金，资助了400名难民前往墨西哥。

弗里达在巴黎待了两个半月。她原本计划去英国，参加伦敦青年古根海姆画廊举办的春季画展，这家画廊是由佩姬·古根海姆经营的。但由于在巴黎重重受阻，战争一触即发，她放弃了这个计划，而是回到纽约和穆雷在一起。她在巴黎给穆雷写信，思念之情跃然纸上："我想回到你身边。我想念你的一举一动，你的声音，你的眼睛，你的手，你动人的嘴唇，你清澈真诚的笑，还有你。我爱你，穆雷。想到我倾心于你，你也倾心于我，想到你在远方等我，我就喜不自胜，心花绽放。"[15] 尽管她言语如此，穆雷还是可以感觉到弗里达心中的挚爱仍是迭戈，因此穆雷继续浪蝶游蜂，拈花惹草，一如弗里达对其他男人那样撩云拨雨。弗里达回到纽约后，发现穆雷对另一个女人动了真情。3月底，她便急忙返回了墨西哥。

弗里达不在的时候，迭戈和托洛茨基吵架闹翻了，起因似乎是政见不合，这两个人的性格迥异，认识他们的人都觉得他俩的吵架在所难免。托洛茨基聪明理智、一丝不苟、有条不紊；而迭戈热衷交际，喜欢夸夸其谈，政治立场不坚定。托洛茨基承认迭戈充满激情、勇气不凡、富有想象力，但这些都不是他最欣赏的品质。他不喜欢迭戈参与当地劳工组织的活动，并力劝迭戈要专注于自己的艺术和国际运动。迭戈听后怒不可遏，没有弗里达为他打圆场，局面一发不可收拾。托洛茨基主动提出付房租，因为尽管迭戈热情好客一如往日，他却没办法自在如初。迭戈拒不接受，说这是弗里达的房子，必须由他们一起决定。托洛茨基写信向弗里达求助，但弗里达当时事务繁忙，没有及时给出回复。5月初，托洛茨基和他的妻子在距"蓝房子"几个街区外的地方另寻了一个住处。

CHAPTER * 7

第七章
重拾旧日时光

《根》细节图,弗里达·卡罗,画于1943年

弗里达回到墨西哥后，与迭戈的关系迅速恶化。她再次搬出圣天使的家，回到科瑶坎的"蓝房子"。不久后，迭戈对外宣布他想离婚。两人对离婚的原因都含糊其词，但迭戈告诉媒体，离婚只是法律意义上的权宜之计，他们的关系仍然好如当初；而弗里达则说，两人的关系并不好，离婚是个人原因。外界猜测，他们的风流韵事可能是导致离婚的原因之一，尽管在他们长达十年的婚姻中，双方曾无数次地出轨偷情，但终究维持着婚姻关系。当时，有传言说迭戈与他的助理艾琳·博赫斯、女演员宝莲·高黛都有过暧昧，宝莲当时就住在迭戈工作室对面的圣天使酒店。虽然迭戈对弗里达与托洛茨基、穆雷之间的风流韵事怒不可遏，但当他看到弗里达声名鹊起时，仍十分高兴，他告诉媒体："我认为她可以被列入第五或第六位杰出的现代主义画家之中。"[1]不过即使如此夸赞，迭戈还是不愿意继续维持他们的婚姻关系。

弗里达万念俱灰，决定在经济上不再依赖迭戈。她勤执画笔，笔耕不辍，这段时期是弗里达最多产的时期。迭戈后来说，离婚对弗里达的艺术创作是有好处的。他说，在他们分开的那段时间里，"弗里达创作了一些作品，堪称巅峰之作，笔触画纸间，她内心的痛苦由此升华"[2]。她积极地从四面八方寻找买家，在朋友卡洛斯·查韦斯的建议下，她还申请了古根海姆基金会的奖学金。探索艰深的主题是弗里达创作时一贯的坚持，她不会为了让作品更商业化而委曲求全改变其主题和风格。然而，她确实创作了两件有别于以往的作品，且规模要比其他作品大得多：一幅是《受伤的桌子》，1米多高，近2.5米长；另一幅是《两个弗里达》，面积约为 1.73 平方米。1940 年 1 月，在墨西哥城墨西哥艺术画廊举行的"国际超现实主义展览"上，这两幅作品都在展出之列。该展览还展出了迭戈和许多同时代人的作品。弗里达在写给穆雷的信中说："我们都参加了这次展览，现在墨西哥的每个人都变成了超现实主义者。"[3]

在《两个弗里达》这幅画中，两个弗里达同时跃然纸上。天空一片漆黑，狂风暴雨中两个弗里达手拉手坐在一条长凳上。值得一提的是，她们的服装呼应着弗里达的双重血统：右边的弗里达身穿传统的特旺特佩克服装，左边的弗里达则身穿白色的高领维多利亚式上衣，这种服装在革命前广为流行。穿着传统服装的弗里达左手拿着一枚奖章，上面还有一张迭戈小时候的照片。一根静脉从奖章上延伸缠绕到弗里达的手臂上，并一路通往她的心脏，心脏就赤裸裸地暴露在她的胸前。另一根静脉连接着她的心脏和另一个弗里达的心脏，另一个弗里达的心脏同样暴露在外，一分为二，露出心室。这颗心脏上的另一根静脉，缠绕着弗里达的右臂，她却用手术钳剪断了这根静脉。血开始滴落，并不停地滴在她白色的裙子上，形成了一朵朵血红的鲜花。

弗里达每次对这幅画的解释均不尽相同。她在收到离婚判决书时，艺术史学家麦金莱·赫尔姆正在拜访她。她对麦金莱·赫尔姆说，这两个弗里达一个是迭戈爱的弗里达，一个是迭戈不爱的弗里达。有一位杂志编辑想在杂志中刊登她这幅画的照片，她却写信回复说："这代表着孤独，也就是说，我正在不断地向自己寻求帮助。正因如此，这幅画中的两个我双手紧握。"[4] 是的，

《两个弗里达》，弗里达·卡罗，画于1939年，布面油画，173.5厘米×173厘米，收藏于墨西哥城现代艺术博物馆

这幅画表达了弗里达郁积在心的痛苦和分崩离析的内心，但我们也可以把画作看作墨西哥的象征，墨西哥由本土原住民和欧洲人后裔分别主导的两部分构成。裸露的心脏在天主教宗教艺术中是一个常见的象征，在《耶稣圣心》或《无玷之心》中都有描绘。

不过，裸露的心脏也经常会出现在前西班牙时期的艺术作品中，代表着生命的力量。在弗里达的观念里，她自己的两个不同的部分是彼此依存的，墨西哥的两个不同的部分亦是如此，但以特瓦纳为代表的墨西哥本土文化却给予了欧洲文化以力量。[5]

弗里达得知穆雷要结婚的消息，感到心灰意冷，越发孤独。她写信给穆雷，让他把自己写给他的信都寄回来，之前挂在穆雷家里显眼位置的弗里达的照片也该退居到不起眼的角落了，同时，弗里达答应穆雷不会再写信给他，也不会再影响他的生活。但穆雷仍然对弗里达充满怜爱，他说："我会永远关心你。永远！此刻，失去你如同失去我的右臂——或者大脑……我也深知自己伤害了你。我会尽力用友谊去弥补。对我来说，与你的友谊弥足珍贵，我希望这份友谊之于你也一样。"[6] 穆雷言出必行，他一直是弗里达的朋友，他会写信给她，也会在弗里达困顿时为她提供财物支持，穆雷还经常去看望弗里达，并为她拍摄一些照片留作纪念。

弗里达完成了应克莱尔·布斯·卢斯邀约的作品《多萝西·黑尔的自杀》，这幅画她在纽约时就开始创作了。卢斯原本以为这就是一幅再正常不过的肖像画，但弗里达的创作令她目瞪口呆，甚至大惊失色：弗里达描绘的是多萝西·黑尔从纽约摩天大楼坠亡的画面。其实，弗里达之前已经数次在纽约之行中与黑尔及卢斯遇见过。黑尔是一个30多岁的寡妇，曾做过歌舞女郎和演员，但时运不济，常常入不敷出。她在自杀的前一晚举办了一场活动，假装是在为自己送行。第二天早上，黑尔穿上她最喜欢的黑色礼服，礼服上还戴有她们共同的朋友野口勇送的黄色玫瑰，从16层

《多萝西·黑尔的自杀》，弗里达·卡罗，画于1938~1939年，木板油画，画框与画融为一体，50厘米×40.6厘米，现收藏于凤凰城艺术博物馆

公寓的窗户纵身而下。卢斯想请弗里达为黑尔画像，并打算将这幅画送给她悲痛万分的母亲。

弗里达在这幅作品中的三个位置分别画了三个不同大小的黑尔，增加了构图的动感，呈现出黑尔离我们越来越近的状态：渺小的黑尔笔直地站在楼顶附近，头朝下从楼上摔了下来；在她穿过浓密的云层时，黑尔的形象开始逐渐变大；最后摔落在地，魂归西天，鲜血溅到了她依旧美丽的脸庞上。弗里达在画面中运用了一种视觉陷阱的表现手法，让黑尔的脚像悬在人行道边缘似的，并在画作底框形成阴影，上面写着："1938年10月21日早晨6点，于纽约市，多萝西·黑尔从一扇很高的窗户跳楼自杀。弗里达·卡罗创作此祭坛画以示纪念。"献词的空白处还提到了是卢斯委托创作的这件作品。在这幅画中，弗里达一如既往，直面死亡和自杀的禁忌话题，画笔纵横肆意，不落窠臼。弗里达在这幅《多萝西·黑尔的自杀》中，描绘了一位死在纽约街道上的年轻女人，鲜血淋漓的画面颠覆了人们对美的印象，控诉了西方社会的价值观。他们只欣赏黑尔的女性美，却没能让她养活自己、生活下去。[7]收到这幅画后，卢斯起初是想将其一毁了之的，但她的一个朋友说服她不要这么做。最终，卢斯将自己的名字从献词中删去，并请朋友把画留在储藏室里，一直保存到30年后。

离婚后，弗里达和迭戈恢复了密切联系，弗里达还帮助迭戈收拾信件和处理财务事宜。2月，弗里达给朋友写信说："我常去见迭戈，但他不想再和我住在同一个屋檐下，因为他喜欢独处。他说我总想把他的文件和其他东西整理得井井有条，但他就是喜欢杂乱无序。"[8]

托洛茨基住的地方离弗里达约有五个街区，他的生命安全受到越来越严重的威胁。1940年5月，20名武装袭击者闯进他的家。托洛茨基和妻子害怕地躲了起来，幸好没有受伤，但和他们住在一起的孙子（托洛茨基的儿子死后，孙子就一直和托洛茨基夫妇住在一起）被一颗子弹擦伤了。迭戈与托洛茨基的决裂是众所周知的，所以也有不少人怀疑迭戈和袭击脱不了干系。警察包围了圣天使的房子，宝莲·高黛在街对面的旅馆里看到了这一幕，便赶紧打电话给迭戈报信，迭戈的助手艾琳·博赫斯让迭戈藏在汽车后座的画布下，从警察的眼皮底下逃走了。这两名女子合力将迭戈藏了几天，直到迭戈拿到去美国的签证。当时，提摩西·普夫罗格刚好委托迭戈在旧金山为"金门国际展览会"创作一幅壁画，迭戈求助他在政府工作的朋友，几天内便拿到了签证，并在高黛和博赫斯的陪同下前往美国。大约十天的时间里，弗里达不知道迭戈在哪里，也不知道发生了什么。她既为迭戈担心，又觉得自己很受伤，因为迭戈向其他女人寻求帮助，却把她蒙在鼓里。"为了救你我愿意付出生命，而现在没想到其他女人才是你真正的'救世主'。"[9]

三个月后，西班牙共产党员拉蒙·麦卡德化名弗兰克·杰克逊，伪装成加拿大人设法进入了托洛茨基的核心圈。1940年8月20日，弗兰克潜入这位俄罗斯革命者的办公室，用一把冰镐砸穿了托洛茨基的头骨。次日，托洛茨基因伤势过重而宣告死亡。弗里达在巴黎的时候曾见到过凶手，弗兰克到她家参加过晚宴。随后，弗里达和迭戈都被怀疑参与了谋杀托洛茨基的行动。警方还搜查了圣天使的房子，侦讯了弗里达和她的妹妹克里斯蒂娜，并将其拘留了两天。她们一方面被吓得魂不守舍，另一方面担心着克里斯蒂娜的孩子无人照看。最终，她们被释放了，没有受到任何指控。

迭戈在自己不在的时候，将圣天使的房子租给了几个美国女人，他还让弗里达找人把他前西班牙时期的神像都装箱保存。克里斯蒂娜劝弗里达雇人来收拾，或者至少让她来帮忙，但弗里达觉得除自己外谁都无法胜任，弗里达坚持自己来收拾。在这件事情上，弗里达很固执。等到她把巨量藏品装进 57 个板条箱后，她已经疲惫不堪，心情低落，身体也出现了问题。医生建议她去乡间林荫休养几日，她听从了建议，与克里斯蒂娜在库埃纳瓦卡待了一个月。后来她写信给迭戈说："我已经遵医嘱去做了，但感觉并没有什么起色。"[10]

弗里达的身体状况很不好，加之对迭戈心灰意冷。她写信给迭戈说："自从你走后，一切都失去了色彩。从生命本身，到一片树叶，到一座山，所有的颜色，所有的形状，每分每秒，每一件事都能让我想到你。"[11]纽约和巴黎的画展取得的成功似乎已经成为弗里达遥远的记忆，她也没能成功申请到古根海姆奖学金。后来，弗里达发现迭戈买了她的一幅画，还假装是别人买的。迭戈似乎是唯一真正欣赏她作品的人，就连穆雷也不是。虽然穆雷一直鼓励她，也给予弗里达以经济上的支持，但穆雷在最近的信中和弗里达沟通说："别再画类似骨盆、心脏那样阴郁、私密的东西了。"弗里达读信后，说道："他到底想让我画什么？天使和六翼天使拉小提琴吗？"[12]弗里达知道其实很多人都觉得她画的内容会令人不安，她的作品也并没有那么多人喜欢，随着二战爆发，人们更青睐放松舒缓、宁静祥和的艺术表达，但弗里达仍然觉得应该遵从本心，坚持自己的艺术理念。

弗里达的健康状况进一步恶化。她借酒浇愁，与痛苦和绝望抗争。她咨询了许多医生，所有医生都建议她必须做背部手术。法瑞尔医生让她最好彻底卧床并进行脊柱牵引治疗。穆雷去了墨西哥，在医院里为她拍照。她在以前的很多照片里都是目光冷漠淡然的，在医院的这些照片中，她的眼神却流露出一种难以消解的痛苦。迭戈知道弗里达的情况后，咨询了伊洛瑟尔医生，伊洛瑟尔医生鼓励弗里达前往旧金山，以便他能更好地评估她的健康状况。

9月，弗里达去了旧金山。伊洛瑟尔医生不认同墨西哥医生的诊断和治疗计划。他说，她患有严重的肾脏感染，再加上贫血、劳累、酗酒，身体状况才会不断恶化。他让弗里达住进了圣鲁克医院，让她完全卧床休息，并命令她戒酒，确保她的饮食健康。他还牵线搭桥让她和迭戈重逢。迭戈决定让弗里达回到自己的身边，他努力向她求爱。医生也鼓励弗里达跟迭戈复婚。同时，伊洛瑟尔还向弗里达强调了迭戈永远不会是一个坚持一夫一妻制的人，如果决定再和迭戈在一起，那么必须要接受他的这一点。

当弗里达还在医院考虑迭戈的求婚时，一天迭戈带着年轻的德国人海因茨·贝尔古恩来看她。贝尔古恩会说法语，在世界艺术博览会期间，他曾被派去照顾迭戈并为他做翻译。这个年轻人对弗里达一见倾心。出院后，弗里达便和贝尔古恩一起前往纽约，开始了长达一个月的罗曼史。弗里达在纽约见到了朱利恩·列维，并与他共商下次画展的事宜。她还为迭戈的传记作者伯特伦·沃尔夫在法院作证，因为伯特伦·沃尔夫当时遭到了卢佩·马林的起诉。弗里达和贝尔古恩的恋情结束后，她决定接受迭戈的求婚，

1940年12月，弗里达与迭戈·里维拉复婚

但也为复婚提出两个条件：一是她和迭戈两人保持经济独立，平均分担家庭开支；二是他们之间不会再有性行为。迭戈欣然答应，但最终他似乎一个条件也没有遵守。弗里达回到旧金山，1940年12月8日，在迭戈54岁生日那天，他们复婚了。在这段婚姻中，他们继续相亲相爱，彼此尊重对方的工作，各自的风流韵事也依然不断。

迭戈为金银岛的金门国际展览会绘制了一幅壁画《泛美统一》，他把弗里达画了上去：弗里达穿着特瓦纳裙子，手持画家的调色板。迭戈把自己也画进了画中，他背对着弗里达，和宝莲·

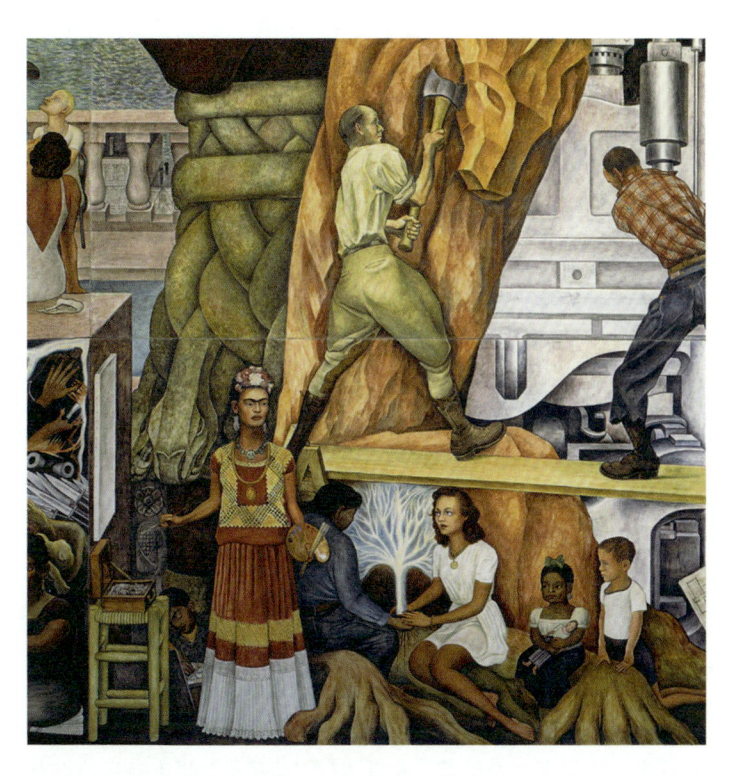

《泛美统一》细节图，迭戈·里维拉，画于1940年，十块连接板组成的壁画，现收藏于加利福尼亚州旧金山城市学院

高黛手拉着手。在这幅壁画中，迭戈再次重申了他的创作理念：我们可以通过艺术来表现多元的文化，并且这些多元文化最终会形成统一的文化实体。他表达的观点与妻子截然不同，弗里达仍然是一个坚定的民族主义者。

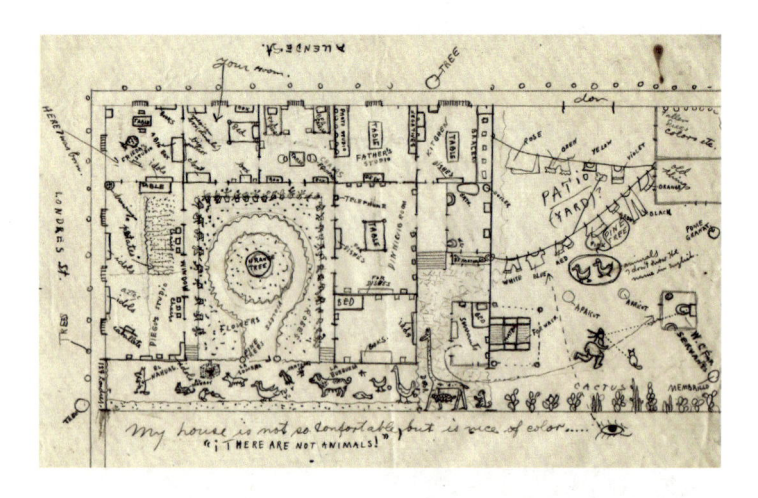

弗里达画的科瑶坎房子的草图

弗里达和迭戈在旧金山待了两个星期。再回到墨西哥时，弗里达精神焕发，迭戈则留在旧金山完成他的壁画创作，直到托洛茨基之死的阴谋一说平息。弗里达在"蓝房子"里准备接待迭戈和他的助手埃米·卢·帕卡德。埃米·卢十几岁便随家人来到墨西哥，她认识弗里达时，弗里达刚与迭戈坠入爱河。夫妇俩很爱护这位艺术家，她是一个寡妇，儿子尚年幼。弗里达曾写信给埃米·卢，拜托她在美国照顾迭戈，以确保迭戈能够遵照医嘱，健康饮食，她还表示希望迭戈和埃米·卢可以一起回到墨西哥，并提出想单独邀请埃米·卢来"蓝房子"做客。[13]

弗里达画了一幅房子的平面图给埃米·卢，她可能是希望埃

弗里达和埃米·卢·帕卡德在"蓝房子"的花园中

米·卢能更清楚地知道她将要住的地方是怎样的。[14]虽然这幅画的构思异想天开,但准确传递出了弗里达在她的家、花园和家庭成员中所获得的快乐,而且通过这幅画也可以让埃米·卢了解到当时"蓝房子"的布局。弗里达为房间和家具都贴上了标签。位于朗德街上有窗户的长房间是迭戈的工作室,弗里达在画中还特意画上了迭戈的画架,画架上放着他的阿兹特克圣像。地板铺设的是草席。朗德街和艾伦街拐角处的那个小房间是弗里达的画室,她在画上写上了"我在这里出生",并用一个箭头指向了她的工作室。其中一间卧室贴着"你的房间"的标签，旁边则是一间贴有"弗里达"和"迭戈"两张单人床的房间。最初，房子的这片区域是浴室、走廊和食品储藏室，现在则成了弗里达父亲的工作室。餐厅和厨房仍在原来的位置。弗里达在花园里画上了她的植物和宠物，甚至在院子里画了一条晾衣绳。迭戈在托洛茨基逗留期间购买的北部地块有两个小建筑，用来存放杂物，上面贴着"旧东西"和"颜料等"的标签。内花园的中央依然是那棵橘子树。弗里达还为其他植物都贴上了标签：玫瑰、紫罗兰、松树以及各种果树，如杏树、石榴树和木瓜。她在房子的一侧画了一排动物：一只猴子、一只乌龟、一条鱼、一只长颈鹿，还有几只狗、几只鸟和一只猫。事实上，弗里达并没有养长颈鹿，画上长颈鹿很可能是为了代替她的宠物小鹿格拉尼佐，除此之外，她描绘的其他动物也都是这个家庭的一部分。在画作底部，弗里达写道："我的房子不是很舒服，但颜色很好看。"她在旁边画了一只眼睛，箭头指向晾衣绳上标有"蓝色"的一件物品，上面写着一行标粗的大字："没有动物"。她在图中认认真真地画了大群动物，这句"没有动物"可能只是一句打趣的玩笑话，也可能是想强调宠物也是家庭的一分子。

2月，迭戈和埃米·卢抵达墨西哥。为了迎接他们，弗里达把房子收拾得井井有条，一尘不染。松木地板已经清洗干净，还涂上了新的颜色，亮白、黄粉……普通家庭经常会拿这些颜色来给地板染色。迭戈乐不可支，他和弗里达将房间打造成了属于他们的博物馆，里面陈列着各种民间艺术品、殖民时期的黑色油画、祭坛画……前哥伦比亚时期的雕塑、白色糖骷髅和高耸的纸糊犹大……[15]迭戈在圣天使的房子里有自己的工作室，他会去那里工作，并在弗里达看不到的地方继续寻欢作乐。几个月后，弗里达写信给伊洛瑟尔医生说："复婚后，我们两个相处得不错，争论也少了，更多的是互相理解。对于那些忽然讨他欢心的女人，我已经懒得去烦心调查了。"[16]

迭戈和弗里达的日常生活过得十分愉快，两人一起在"蓝房子"内进餐，然后迭戈去圣天使房子的工作室工作。早上，弗里达会画画或去市场，然后回来准备下午茶，她精心布置餐桌，小心翼翼地用鲜花、水果和陶盘摆出一桌美味佳肴。餐桌上，她笼子里的一只花栗鼠，或她的宠物鹦鹉博尼托，会时常跑来绕着桌子走来走去找黄油碟，这些小小的动作都为弗里达准备的饭菜增添了生气。有时由于背疼，吃饭的时候弗里达会在房间里走来走去以缓解疼痛和难受。有一次，她在地板上踱步，停下来爱抚着迭戈的头，迭戈一副很享受的样子。埃米·卢让他们别动，为他们拍了一张照片，将两人深情款款的样子定格下来。

迭戈打算扩建"蓝房子"的花园，他买下房子东边的那块地，监督工人拆除房屋之间的墙壁，建造了一座阶梯金字塔型的建筑，以茅草为屋顶，迭戈在这个建筑里展示了自己收藏的一些前西班牙时期艺术作品。后来，他们又加建了一座小建筑，作为阿兹特克雨神特拉洛克的神庙，里面摆设着前西班牙时期的雕像。喷泉旁摆放着古老的石雕和石凳，这是沉思凝神的绝佳之地。他们慢慢地把花园打造成了一个宁静悠然的绿色空间，尽情地欣赏着

上图｜弗里达和迭戈，埃米·卢·帕卡德拍摄

下图｜弗里达和迭戈在科瑶坎房子的花园里，后面是金字塔型的建筑，摆放着迭戈的前西班牙时期的艺术作品收藏

自然风光。这个空间和建造的过程对两人而言都意义深远。

弗里达答应送给尼克一幅画，但因为她急需用钱，就把画卖给了别人。她又画了一幅，结果这成了她优秀的自画像代表作之一：《戴着荆棘项链和蜂鸟的自画像》。在这幅画中，弗里达的一只肩膀上停着一只猴子，另一只肩膀上则有一只黑猫。她站在一片枝繁叶茂的大树下，身穿素净的白衬衫，脖子和肩膀上缠绕着荆棘藤蔓。猴子拽着荆棘藤蔓，藤蔓的刺扎进弗里达的脖子，血汩汩而出。藤蔓上还停着一只死去的蜂鸟，它的翅膀与弗里达眉毛的形状是一致的，两者相互呼应。这只死去的蜂鸟被挂在了弗里达脖子周围的藤上，以作为她的护身符。弗里达头上戴着由丝带编织而成的紫色皇冠，上面有两只银色的蝴蝶。这幅自画像和她之前的自画像有着异曲同工之处，包含了基督教宗教图像和古代中美洲文化的符号，不过，这些符号往往具有不同的含义，很难解读。白色的衣服和鲜血使弗里达看起来像是一个基督教殉道者，荆棘项链可能指的是基督的荆棘王冠，而蝴蝶象征着重生，这是对基督的另一种暗示。在古代阿兹特克人的宗教仪式中，放血仪式会用到荆棘，他们认为蝴蝶是死去战士的灵魂，蜂鸟则代表着阿兹特克战神呼兹洛波奇特里。但在墨西哥民间传统中，人们往往认为用死去的蜂鸟制作的护身符可以挽回失去的爱情。弗里达的动物小伙伴们也代表了截然不同的态度：猴子顽皮地拽着她脖子上的藤蔓，猫像弗里达一样，脸朝前方，弓着背，好像随时准备扑上去一样。在弗里达目不转睛地注视下，这些对比鲜明的符号交织在一起，使画面更生动、更具冲击力。

《戴着荆棘项链和蜂鸟的自画像》,弗里达·卡罗,画于1940年,布面油画,63.5厘米×49.5厘米,穆雷旧藏,现收藏于得克萨斯大学奥斯汀分校的哈里·兰森人文研究中心

弗里达把自己在起义者大道的公寓转卖了出去，这栋公寓是她从1934年和迭戈分开后就一直居住的地方。她用卖掉公寓的钱，在科瑶坎以南约5千米的圣巴勃罗特佩特拉帕村购买了一块土地，这块土地位于埃尔佩德雷加尔火山地带，这是她和迭戈的心仪之地。巨大的熔岩荒原绵延70平方千米，可追溯到公元4世纪希特尔火山爆发，这座火山摧毁了库库伊尔科古城。火山岩的缝隙中生长着仙人掌和其他当地特有的植物，但放眼望去，这里仍是大片的贫瘠地区。这些凹凸不平的地形和奇形怪状的岩石都曾出现在弗里达的几幅画中，她一直觉得那里的风景很迷人：弗里达在少女时代喜欢在那里散步。[17]后来在20世纪40年代，和她年纪相仿的人也被这块土地所深深吸引，特别是亚特兰大博士和路易斯·巴拉甘，他们认为这是一片可以追溯到远古时期的墨西哥典型地形。在此之前，这里一直人迹罕至，是一片充满无限可能的处女地。

1942年墨西哥参加了第二次世界大战，弗里达和迭戈决定自给自足，于是他们在埃尔佩德雷加尔的土地上开辟了一个小农场。他们建造了一个马厩来饲养动物，还准备种植蔬菜，生产牛奶和蜂蜜。[18]然而，迭戈真正的梦想是建造一个博物馆来展示他收藏的大量古董，他想把这个博物馆建成一个古庙的样子，与周围的风景和谐地融为一体。于是，迭戈开始用当地的玄武岩来设计和建造这座建筑，采用这样的材料可以使建筑看起来像自然地形的延伸一般。迭戈还与弗兰克·劳埃德·赖特取得了联系，讨论关于他对建筑的一些想法。同时，他也咨询了胡安·奥戈尔曼，

迭戈·里维拉在阿纳瓦卡依博物馆前，馆内收藏着大量的前西班牙时期艺术品，摄于1955年

奥戈尔曼为此放弃了早期作品中的现代主义和功能主义原则，转而更倾向一种有机的墨西哥美学风格，以强调形式、色彩、材料与自然环境的和谐统一。

迭戈称这项工程为"阿纳瓦卡依"，意思是"墨西哥山谷之家"，他设想将它打造成一个"艺术之城"，是融音乐、舞蹈和戏剧为一体的空间。一楼是博物馆；二楼有一个很大的工作室，和他在圣天使的工作室一样，窗户朝北，宽敞明亮，室内日光充足；站在三楼的露台上，可以将远处的景观一览无余。大楼前有一个大广场，人们可以在那里集会、表演。建筑的景致十分重要，因为他也计划把这里打造成一个生态公园，他在原有的建筑周围购置了更多的土地。这座建筑是用钢筋混凝土建造的，外立面是用从建筑所在熔岩床里挖出来的石头堆砌而成。迭戈开玩笑地称这种建筑风格为阿兹特克/玛雅/里维拉：这是他对古代建筑风格的改造，他还在建筑中添加了大型室内房间，这在墨西哥古代建筑中前所未有。迭戈从20世纪40年代开始着手的这个项目，成了他余生工作的重中之重。

1943年，弗里达获邀担任教育部绘画与雕塑学院"拉·埃斯梅拉达"的教师职位。她从未正式学习过艺术，现在要教别人，感到很别扭。一开始她就告诉学生希望可以和他们一起学习，教学相长。她接受了这项任务，教年轻人以不同的方式来看待艺术和世界，一想到这点她就兴奋不已。第一天，弗里达问她的学生们想画什么，一个学生回答说想画她。弗里达说，如果同学们都想画她，那么她很乐意为他们做模特。学生们被她迷住了，喜欢她与众不同的教学风格。弗里达还领着他们徜徉风景优美的乡村，到各个地方写生作画。于弗里达而言，每一次远足都是一次体验之旅、一场探险之行。他们去市场采购食物，在乡间野餐。他们还参观了特奥蒂瓦坎古城和墨西哥国立人类学博物馆，当时国立人类学博物馆位于墨西哥城历史上的中心莫内达街上。他们还经常去埃尔佩德雷加尔，弗里达认为那里是激发灵感的好去处。

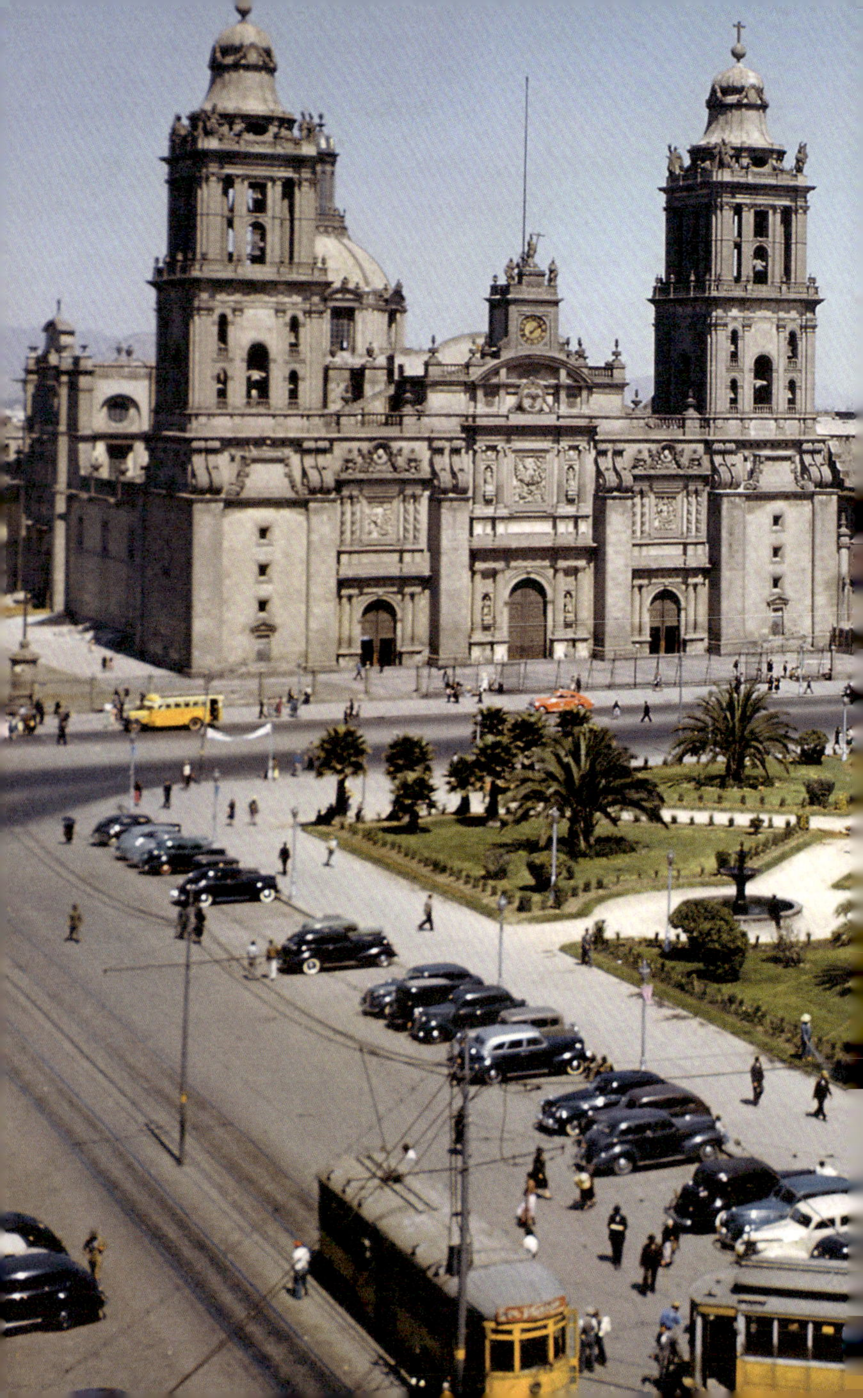

墨西哥城，摄于1944年

埃尔佩德雷加尔景观

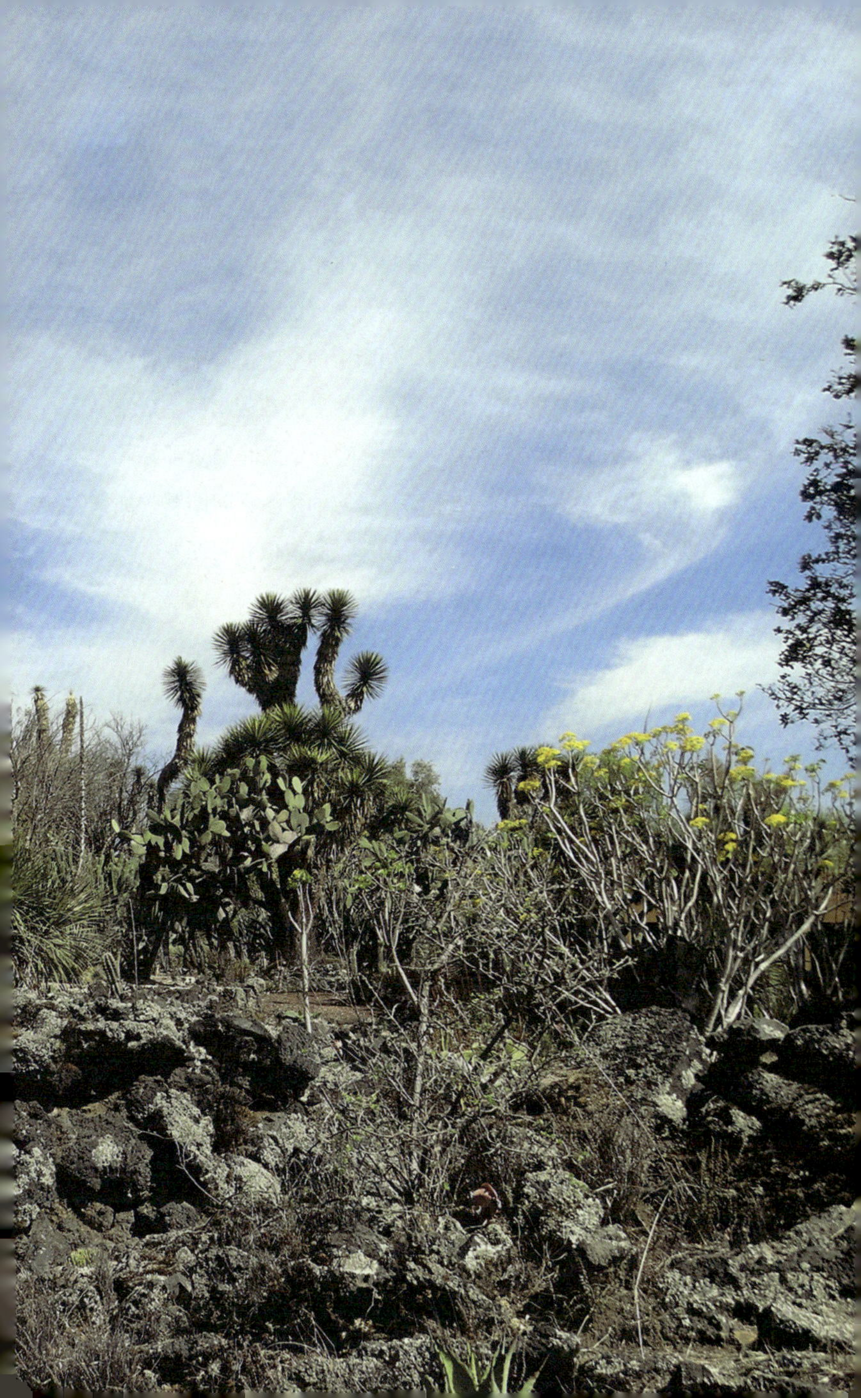

不幸的是，弗里达的身体状况再次恶化，很快她已无法再去学校教书。她邀请她的学生们来到"蓝房子"，并在"蓝房子"对他们进行指导。一位名叫圭勒莫·蒙罗伊的学生描述了自己第一次走进这所房子时的情形："这是我人生中最难忘的经历。我从来没有走进过这么漂亮的房子——各种各样的花盆，天井周围的长廊，马多尼奥·麦格纳的雕塑，花园中的金字塔，千奇百怪的异域植物，郁郁葱葱的仙人掌，悬挂在树上的芬芳幽兰，精致的小喷泉，鱼儿欢快地游来游去……"[19]刚开始的时候来了好几个学生，但很快就缩减到只有四个潜心学习的学生：阿图罗·加西亚·布斯托斯、范妮·拉贝尔、圭勒莫·蒙罗伊和阿图罗·埃斯特拉达。这四个人跟着弗里达一起学习了几年，后来被誉为"弗里达帮"。

弗里达喜欢把家里和周围的环境打造得赏心悦目，她希望可以将这种对日常美学的欣赏灌输给她的学生。在一堂不寻常的课上，弗里达邀请学生和她一起吃饭，她照例将餐桌布置得很漂亮，不过在请他们坐下吃饭之前，她先请他们看看餐桌布置得如何，美在哪里，然后她把东西挪到一边，让其中一个学生另辟蹊径，重新布置，呈现另一番美。[20]弗里达不仅仅教授学生们绘画技巧，还激发他们的艺术直觉，引导他们换个角度去看世界。除了学习绘画，弗里达还教授学生一种特立独行的生活方式、做人之道、思维方法，比如关心国家和社会秩序，希望墨西哥人团结一致。她鼓励她的学生要幽默风趣，既能有阳春白雪的情调，也能融入下里巴人之中。[21]

上图｜迭戈和弗里达在科瑶坎的工作室中阅读、工作，摄于1945年

下图｜弗里达和她的学生们

《根》,弗里达·卡罗,画于1943年,金属板油画,30.5厘米×50厘米,私人收藏

1943年,弗里达创作了《根》。在这幅画中,她穿着特瓦纳裙子,四肢伸展地躺在埃佩德雷加尔的火山岩上。一根枝繁叶茂的粗树根从她胸部的一个大洞中伸出来,向四周延伸开去。叶子上的红色血管深入大地。这幅作品的主题与弗里达的《卢瑟·伯班克的肖像》有着惊人的相似之处,但在这幅画中,弗里达将自己与植物混合在一起,形成了一个交织的整体,她以这样的表达方式赋予她周围的土地以生命。弗里达并没有宗教信仰,但她坚信所有生物都是相互联系的。这幅画清晰地表达了她渴望滋养大地,渴望与她深爱的这片土地、这个能够代表墨西哥永恒性格的地方融为一体的心愿。

CHAPTER
*
8

第八章
蓝房旧事

《宇宙爱的拥抱》细节图,弗里达·卡罗,画于1949年

弗里达把"蓝房子"当成了她的庇护所,并将这个她从小长大的地方精心打造成一件艺术品。在这里,她怡然自得,精心装饰,别出心裁地营造出一个充满色彩和生气的美丽空间。花园里的植物欣欣向荣,小动物嬉闹玩耍,再加上迭戈与弗里达两人多年收集的藏品和他们的热情好客,使这所"蓝房子"别具一格、独树一帜。

弗里达喜欢用民间艺术品来装饰"蓝房子",她非常偏爱传统的墨西哥家具、亚麻布和墨西哥风味的佳肴。她和迭戈继续收集藏品,家里摆满了各种墨西哥手艺人的作品。她还在房间的角角落落摆放了巨型的犹大雕像,在床上方的顶棚放了一具骷髅。房间里的椅子和床上都有垫子,上面绣着"Despierta corazon dormido"(醒醒吧,沉睡的心)等温馨的字样。陶器花瓶里插满了花园里新剪的鲜花,室内充满花园的色彩和馨香。迭戈和弗里达把他们的财物都存放在了奥利纳拉盒箱里,这些箱子都是格雷罗州的装饰漆器。墙上挂着他们欣赏的艺术家的画,还有一些自己的作品。尼克拉斯·穆雷为弗里达拍的照片就挂在她的卧室里。弗里达收藏了数百幅还愿画,她还收集了一些玩具和洋娃娃。每次朋友去旅行,她都会要求他们帮她带一件玩具作为收藏。迭戈继续收集着前西班牙时期的艺术品,将花园和房子里闲置的空间填得满满当当。

要说"蓝房子"的热闹繁忙之地,非厨房莫属。弗里达身体状态好的时候,她常会亲自去厨房见用人,安排好当天的饮食和工作。厨房的地上铺着令人愉悦的、明亮的黄色地板,墙壁则是

装饰着还愿画的"蓝房子"的墙

由白色和镶着蓝色的壁板组成。厨房中央放着和地板一样鲜黄色的木桌和木椅，架子也是同样的颜色，上面放着餐盘。这就是一个典型的墨西哥乡村厨房的样貌。所有的器具都被精巧地摆放着，各得其所：精选的金属板（磨石），各种大小形状的陶罐和陶碗，木勺、抹刀和威士忌，还有一些被挂在厨房挂钩上的精巧的小东西。虽然煤气灶在当时很常见,但"蓝房子"的厨房里仍然在用柴火烹饪。传统的柴火灶是用蓝色和黄色的塔拉维拉瓷砖装饰的,图案很好看。

餐厅也装饰着蓝黄相间的图案。弗里达非常喜欢收藏各种编织或刺绣精巧的桌布,这些桌布均来自墨西哥的不同地区,她会把桌布铺在能够容纳很多人一起就餐的大餐桌上。餐厅的墙上挂着19世纪的各种民间艺术品,还有来自墨西哥各地的面具。角落里摆着几个大陶瓷花瓶。餐厅里的黄色置物架上也摆着许多民间艺术品,其中包括两个来自普埃布拉的陶瓷钟,除了弗里达的题词不同,它们几乎完全相同。弗里达在一只陶瓷钟上写着"1939年9月关系破裂",在另一只陶瓷钟上写着"12月11日,11点40分"。这两只陶瓷钟分别纪念着弗里达与迭戈的离婚与复合。

室外,那座大花园枝繁叶茂、绿意盎然,有一个水流涓细的喷泉,还有许多小动物活跃其间,其中有蜘蛛猴张福朗和盖米托·德·瓜亚巴、小鹿格拉尼佐、老鹰格特鲁迪斯·卡卡·布兰卡、鹦鹉博尼托,还有几条墨西哥无毛犬。在这些狗中,弗里达最喜欢的是索洛特先生,它有时会和她同睡一张床,为她暖脚。弗里达俨然就是这个王国的女王,她用仁慈和幽默统治着这个王国。她优雅地接待客人,包括许多摄影师,摄影师们尽情地在这位艺术家美丽的家里捕捉着她的迷人魅力,其中包括罗拉·阿尔瓦雷斯·布拉沃,吉泽尔·弗伦德,当然还有尼克拉斯·穆雷,穆雷很享受在"蓝房子"和花园中为弗里达拍照。

平日里,克里斯蒂娜会帮着弗里达打理家务,她的孩子们也

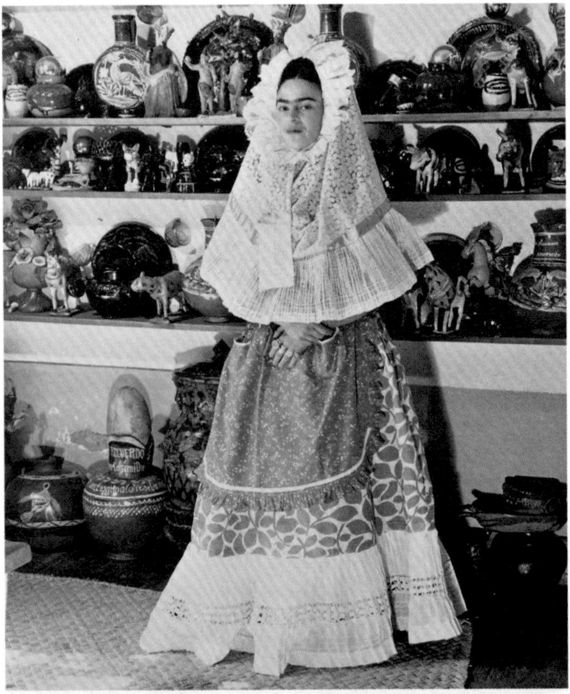

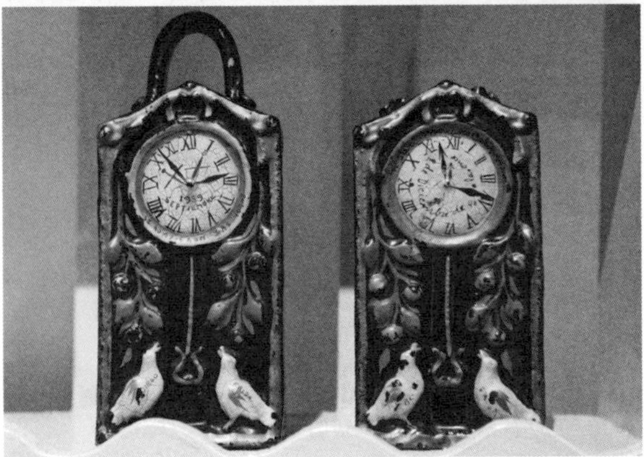

上图｜瓜达卢佩·马林·里维拉、弗里达的一位朋友、弗里达、弗里达的妹妹克里斯蒂娜和她的女儿伊索尔达在"蓝房子"的餐厅中，约摄于1942年
对页上图｜在家中穿着特瓦纳裙子的弗里达，摄于1940年
对页下图｜普埃布拉的陶瓷钟，用来纪念弗里达与迭戈的离婚与复合

在那里待了很长的时间。克里斯蒂娜的女儿伊索尔达和她的姨妈关系特别亲密。她在回忆录中特别提到了弗里达俏皮的幽默感。弗里达很善于倾听，真诚谏言，因此十几岁的伊索尔达一有问题就会去找她。不过，她要等到迭戈叔叔不在的时候才去，因为弗里达喜欢听迭戈的意见。只要有热心听众，迭戈可以就各种话题滔滔不绝地讲上几个小时。在丈夫说话的时候，弗里达会找个借口到隔壁的房间去，并在迭戈身后的门口对着她的侄女做鬼脸，这时候伊索尔达就会竭力装出一副一本正经的样子，认真聆听迭

弗里达和她的狗在"蓝房子"的花园中,吉泽尔·弗伦德拍摄

戈的絮絮叨叨。[1]

迭戈的女儿瓜达卢佩与弗里达和迭戈一起生活了两年。虽然弗里达在给朋友伯特和艾拉·沃尔夫的信中用轻松愉快的语气表达了一些不满，主要是抱怨她和迭戈婚后从未有过二人世界，但弗里达和继女的关系一直很好。瓜达卢佩当时是一名年轻的法律系学生，无论是去市场上购买农产品还是摆放餐具，弗里达对日常琐事的一丝不苟都令瓜达卢佩大为惊讶。虽然瓜达卢佩一直过着寄居的生活，但弗里达经常会带她去加里波第广场看马里亚奇人表演、逛街头集市、参加社区庆祝活动等。弗里达为她打开了新世界的大门，让她感到了一丝温暖。[2]

"蓝房子"中的许多用人从小就和弗里达住在一起，弗里达和他们的关系非常融洽。其中，弗里达和丘乔的关系尤为密切。丘乔是她的"奶兄"，长得又高又壮，一个访客称他是"微笑的巨人"[3]。弗里达会叫他丘乔哥哥（因为他是奶母的儿子），他叫她弗里达妹妹。丘乔照顾了弗里达一辈子，弗里达身体虚弱时，他悉心照料，像抱小孩一样地将她抱上楼，到她房间。[4] 弗里达还亲切地称厨师克鲁兹为"小克"，称司机西斯托为"埃尔将军"，因为西斯托总是驾驶着他那辆旧绿色的旅行车载着弗里达去到任何她想去的地方。西斯托有事不能来的时候，克里斯蒂娜便会充当弗里达的司机。不少工人是住在弗里达的家里的，他们的孩子经常会在金字塔附近的花园里玩耍。这里的所有成员都悉心照料着弗里达，尤其是在她生病的时候，更是寸步不离。

不幸的是，弗里达从1945年开始，身体就经常抱恙。她背

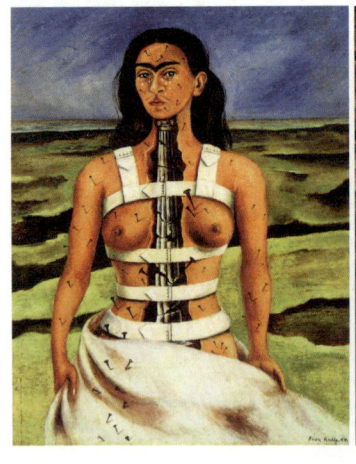

左图｜《破碎的脊柱》，弗里达·卡罗，画于1944年，布面油画，40厘米×30.5厘米，现收藏于墨西哥城多洛雷斯·奥尔梅多博物馆

右图｜《多娜·罗西塔·莫里洛的画像》，弗里达·卡罗，画于1944年，木板油画，77.5厘米×72厘米，现收藏于墨西哥城多洛雷斯·奥尔梅多博物馆

痛得很厉害，咨询了几位医生，但他们推荐的治疗方案各不相同。弗里达不得不穿着紧身胸衣和各种各样的治疗设备，以帮助她保持脊柱的挺直和支撑她那衰弱的身体。1944年，弗里达画了《破碎的脊柱》。画中，她自己站在埃尔佩德雷加尔的火山地上，目光冷漠，脸上挂满了泪水，她的下半身被一块白布包裹着，而上半身只穿着矫形支架。她的躯干被剖开，原本应该是脊柱的位置却是一根摇摇欲坠的爱奥尼亚柱，她的脸上和身上遍布刺钉。和她的许多画作一样，这幅画令人肉跳心惊，深感不安。她裸露的

乳房似乎满足了那些偷窥的目光，但她那饱受摧残的身体、千疮百孔的病痛和坚定的目光却令人不忍卒视。[5]

1944年，弗里达还为爱德华多·莫里洛·萨法的家人画了几幅肖像。爱德华多·莫里洛·萨法是农业工程师和外交家，也是弗里达一生中主要的赞助者。弗里达画了一幅他母亲多娜·罗西塔·莫里洛的肖像，画笔轻柔细腻，将他母亲的神貌勾勒得栩栩如生。除了这些委托弗里达创作的肖像作品外，莫里洛·萨法还购买了弗里达约30幅作品，包括一些蕴含着复杂主题的作品，如《轻轻地刺了几刀》《乳娘和我》。另一位赞助人是何塞·多明戈·拉文，弗里达几年前画过他的妻子玛鲁查。拉文送给弗里达一本西格蒙德·弗洛伊德的书，并建议她画一幅传达书中内涵的画，弗里达由此创作了《摩西》（也被称为"英雄的诞生"或"创造的核心"）。这幅作品出神入化，是她的传世之作，它和她的许多作品一样，尺寸较小（61厘米×76.5厘米），构图却宛如一幅壁画。在她的笔下，摩西变成了一个额头上长着第三只眼睛的婴儿，躺在篮子里漂浮在河面上。因为弗洛伊德说篮子代表子宫，所以她还在婴儿的上方描绘了子宫内即将出生的胎儿。一个巨大的太阳在子宫上方明亮地燃烧着，顺着太阳光线散发出来的是一系列手的造型。在下面的河岸上，一只海螺将液体喷进了扇贝壳里。每一边的构图均分为三个层次。在画作的上半部分，弗里达表现了太阳神。左上角是中美洲和东方的神，右边是罗马和埃及的神。众神之下，她又描绘了一些历史人物：英雄、伟大的思想家和宗教创始人。这些历史人物的下面是普罗大众。她在

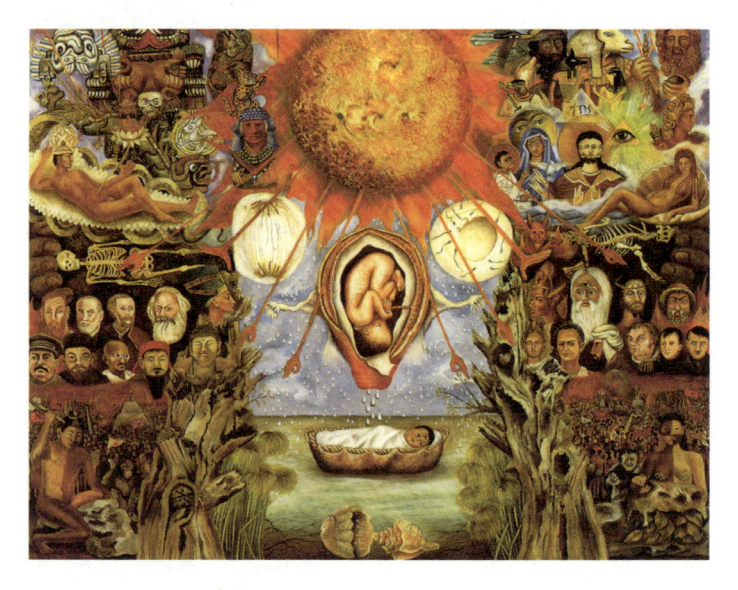

《摩西》，弗里达·卡罗，画于1945年，木板油画，61厘米×76.5厘米，私人收藏

这群人的左手边画了一个更大的男人，代表创造者；右手边画了一个女人，代表宇宙母亲。

尽管这幅画的本意是为了阐明弗洛伊德关于一神论起源的观点，但弗里达借此表达了自己的信仰。这些信仰同时包含了关于复活、轮回和所有生物之间相互联系的思想。《摩西》可以看作弗里达对迭戈壁画《创造》的呼应，因为这幅画中有几处细节所指的就是迭戈的那幅壁画。弗里达在国立预科学校读书时曾亲眼看到迭戈创作《创造》。《创造》传达的信息是通过艺术升华人性，

弗里达和妹妹克里斯蒂娜在纽约医院屋顶的露台上，尼克拉斯·穆雷摄于1948年

而弗里达传达的信息是宗教如何压迫大众。弗里达认为神祇是那些有权有势的人为了压制人民意志所编造出来的，她在一次谈到《摩西》时说："人们之所以编造或想象出英雄或神，纯粹是因为恐惧……恐惧活着，也恐惧死亡。"[6]《摩西》想表达的就是孕育生命、尊重生命。1946年，墨西哥教育部因为这幅作品授予弗里达"国家绘画奖"第二名，奖金5000比索。

尽管弗里达对墨西哥的一切情有独钟，但她对墨西哥医生给她的建议还是心存怀疑。弗里达的朋友阿卡迪·博伊特勒向她推荐了纽约的威尔逊医生，威尔逊医生之前成功地为博伊特勒做了背部手术，于是弗里达决定去纽约咨询他。威尔逊医生在了解了弗里达的情况后，决定对她进行植骨和脊柱融合手术，即从她的骨盆取出骨头并将其融合到脊柱上。因为切口感染，恢复的时间比预期要长，于是克里斯蒂娜将孩子们交给了其他的姐妹照顾，自己只身前往纽约，悉心照料她。弗里达在休养恢复期间，尼克也曾来看望她，还在医院的屋顶露台上为她和克里斯蒂娜拍了照片。起初手术似乎很成功，但几个月后，病痛又复发了。从那以后，她的健康状况日益恶化。

弗里达在纽约期间，遇到了流亡的西班牙艺术家何塞·巴托利，两人一见倾心，开始了一段热恋。何塞还专程去了墨西哥看望弗里达，两人鸿雁传书来往了好几年，但因为弗里达的身体状况欠佳，其暧昧关系止步于此。

20世纪40年代中期，迭戈对"蓝房子"大刀阔斧地改造了一番。他与胡安·奥戈尔曼商量，为弗里达设计了一间新侧厅，里面设有一间大型工作室，还有卧室、浴室和一些令人耳目一新的户外空间。扩建后，房子的一部分从仆人居住的区域延伸到北面的院子里，院子是之前托洛茨基在此居住时迭戈购买的。

弗里达的新工作室位于二楼，两面墙都有窗户，以确保充足的日光，从二楼向下看还可以一览花园的美景。工作室下面有柱子支撑着，架起的空间是车库。通向新侧厅的台阶底部有一处喷泉，喷泉的底部画着象征迭戈的青蛙。他们还在之前是天井的地方建造了一个高架平台，并铺设了一部分屋顶，屋顶的天花板上镶嵌着一个时钟和共产主义符号的马赛克装饰。露台中央是一张石桌，再加上墙壁上的壁龛和镶嵌着泥塑的雕像，置身其间，宛若身临古老的庙宇一般。这个露台与厨房相连，因此也是一个很好的户外用餐区域。[7]

这次他们还对房子的一些老旧部分做了改造，拓宽了中央天井周围的走廊，并拆掉了周围的砖格墙。迭戈为自己的工作室设计了一座玄武岩壁炉，形状犹如前西班牙时期的庙宇，让人很容易联想起阿纳瓦卡依的设计。

按照阿纳瓦卡依的风格，"蓝房子"新增加的部分外墙装饰着来自埃尔佩德雷加尔的火山岩。黑色的岩石镶嵌着陶罐、海螺壳和前西班牙时期的雕像，这些装饰包含了与水、孕育、二元性和地狱相关的主题。[8]从新侧厅的建筑可以看出，奥戈尔曼的建筑风格正在从圣天使住宅的功能主义向更传统的墨西哥美学风格转变，建筑材料也是就地取材。

1948年，弗里达重新申请加入共产党，因为她的政治信念转向了斯大林主义。后来她成功入党，迭戈则还得再等上几年。弗里达政治信念的转向，应该放在二战后的背景下来理解。在二战中，斯大林领导的苏联政府与美国和英国并肩作战，打败了纳粹德国。在当时的共产主义圈子里，对斯大林的批评反对会被认为是支持法西斯主义和背叛真正的社会主义。

同年，迭戈还引发了一出闹剧。他和经纪人艾玛·乌尔塔多

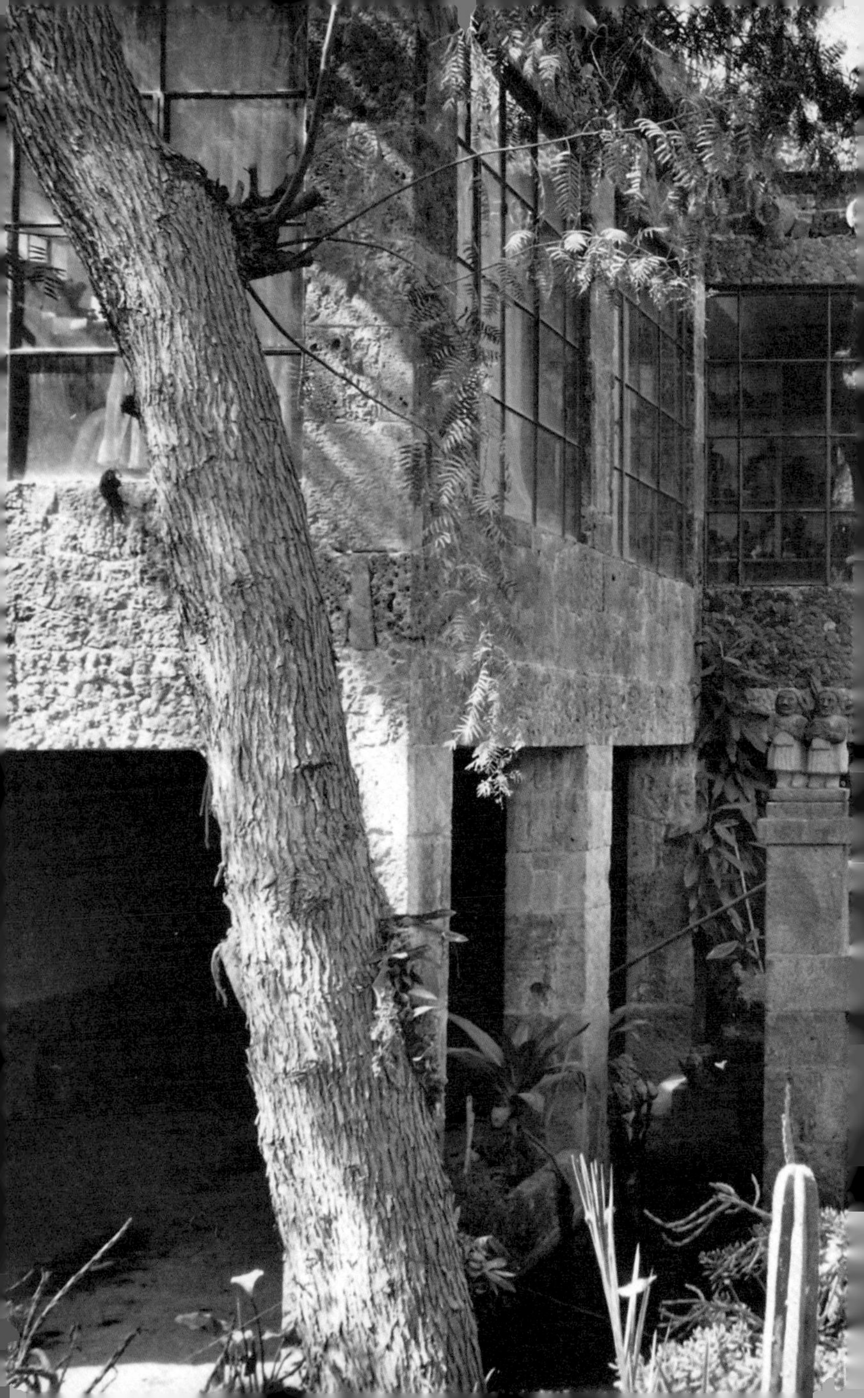

弗里达和迭戈在"蓝房子"的花园中,奥古斯汀·埃斯特拉达拍摄

的关系持续了好几年。当时,弗里达的健康状况已经令其无法参加任何社交活动,因此迭戈的外出等往往都是由艾玛陪伴的。弗里达知道这段关系后,她选择了饮恨吞声。但是,当迭戈带着她心爱的狗索洛特先生去艾玛家玩了几天后,她怒不可遏,对迭戈大发雷霆,怒称他的情妇是篡夺者"乌尔塔多"。[9]1948年,迭戈还与女演员玛丽亚·菲利克斯有染,为了能与玛丽亚·菲利克斯结婚,迭戈向弗里达提出了离婚。弗里达伤心欲绝,早年婚姻的矛盾再次重演,她屡遭背叛之苦。最后,迭戈结束了与菲利克斯的婚外情,重回弗里达身边。迭戈的回心转意令弗里达心情大好,她与菲利克斯成了朋友,菲利克斯后来也成了他们家的常客。

1949年,弗里达画了《宇宙爱的拥抱》。在这幅作品中,弗里达像抱婴儿一样抱着赤裸的迭戈。迭戈的额头上有着第三只眼睛,手里拿着一束火炬。弗里达身穿一条红色的特瓦纳裙子,她的脖子和胸部有一处伤口,血泪泪而出。身后墨西哥大地之母拥抱着她,大地之母的胸部也有一个伤口,形似埃尔佩德雷加尔火山处的裂缝。一滴乳汁正从大地之母裸露的乳房上滴下来。许多植物在弗里达和迭戈的两侧生根发芽,弗里达的狗索洛特先生则蜷缩在弗里达的裙子底下。这幅画以昼夜一分为二,左边是夜空中的月亮,右边是白天的太阳。画的背景是用手臂环绕着所有人的巨大的宇宙女神,她的一只手臂是深肤色,一只手臂是浅肤色,植物的根从她的手臂上垂下来。

在这幅画中,弗里达再次探讨了二元性和所有生物之间的联

《宇宙爱的拥抱》，弗里达·卡罗，画于1949年，布面油画，70厘米×60.5厘米，雅克·格尔曼的现当代墨西哥艺术藏品

系这一主题。她根植于大地，化身慈母——一个像她一样愿意忍受痛苦来保护所爱的人。这个激进的形象代表了女性的神性，这里的女性形象似乎都为了庇护拥有创造之火和第三只智慧之眼的男性天才而做出牺牲。

20世纪40年代末，弗里达开始写日记。她在日记上信马由缰，记录下自己的痛苦和悲伤，也会记录一些往事和艺术感悟。尽管她的健康每况愈下，但她在与身边的人日常相处时依然充满活力，体贴入微。摄影师吉泽尔·弗伦德在1950年第一次见到弗里达时写道："她的整个人散发着一种活泼的智慧、深刻的人文精神和旺盛的生命力。"[10]

1950年，弗里达的大部分时间都是在墨西哥城的美英考德雷医院度过的，她接受了多次脊柱手术。弗里达在医院的房间被改造成了"蓝房子"新侧厅的样子，里面装饰着各种画作。迭戈甚至为弗里达设置了一个屏幕和投影仪，这样他就可以在那儿放映电影了。弗里达总喜欢把颜料和画笔放在触手可及的地方，以便在灵感来袭时可以随时作画。除了卧床休息，弗里达主要的消遣就是画画和写日记。克里斯蒂娜或丘乔每天都会带一大篮子的食物给聚集在那里的医生、护士和朋友，但弗里达吃得很少。她和她的医生胡安·法瑞尔一起画了一幅自画像，她非常信任这位医生，希望他能让她的背恢复如初，尽管她大部分的时间都不得不待在轮椅上。

弗里达回到家后，克里斯蒂娜一直陪在她的身边。弗里达渐渐失去了自理能力，克里斯蒂娜给她洗澡，帮她穿衣服、梳理头发，代她管理家务。从这以后，弗里达几乎不怎么画画了，偶有一些水果静物画和政治主题的作品，如《马克思主义将让病者恢复健康》。她的作品质量逐渐下降，笔触不再细小精微，取而代之的是漫不经心地挥掷颜料，用笔粗犷。

1953年4月，弗里达在墨西哥举办了人生中唯一一次个展。展览在墨西哥城时髦的罗莎区安贝雷斯街的当代艺术画廊举行，这是她的朋友罗拉·阿尔瓦雷斯·布拉沃的画廊。布拉沃意识到弗里达时日无多，决心在她还活着的时候向她表示敬意。弗里达的医生告诉她，她身体状态不好，不能参加展览的开幕式，但弗里达不想错过这次活动，她认为这是她事业的顶峰。她躺在担架上，从救护车上被抬下来，送到画廊中间的床上，享受了一个晚上的聚光灯。展览从1953年4月13日持续到27日。

几年前，医生切除了弗里达的几个脚趾，但她右腿和右脚的血液循环仍然很差。1953年8月，她的腿感染了坏疽。医生告诉她，他们不得不对她进行膝盖以下部分的截肢手术。这对弗里达来说是一个可怕的打击。她在日记中写道："如果我有翅膀可以飞，为什么还需要双脚？"她装出一副勇敢的样子，想要抚慰自己，但一想到要失去一条腿，她就害怕了。她在截肢之前写道："我的身体只有一条腿，而我想要两条。对我来说，要有两条腿，但他们必须要砍掉一条。没有那条腿我无法走路，我必须得走路，否则另一条腿也会死掉！我有很多翅膀。砍掉吧，去死吧！"[11]她把自己描绘成长翅膀的胜利女神，[12]就像她在卢浮宫看到的长翅膀的萨摩斯拉胜利女神像一样，没有头也没有胳膊。在她的画中，她系着一条宽腰带，上面绑着一根杆子以代替她的脊柱，右腿上绕着一根铁丝，右脚不见了。她的头变成了一只鸽子栖息在脖子上。画的底部，她写了一首民歌中的一句话："鸽子犯了错误。"截肢后，弗里达意志消沉，萎靡不振，似乎失去了求生的意志。[13]她截肢后的日记，在日记本中已经找不到了，能看到的只有一篇在她截肢六个月后写的日记："这种折磨对我来说实在难熬，日子过得度日如年，有时我几乎要发疯了。"[14]

家人在房子里铺设了坡道，方便弗里达进入上层的工作室和

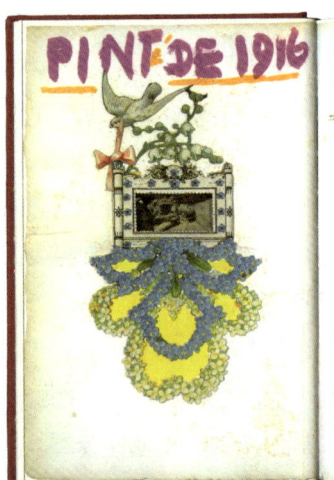

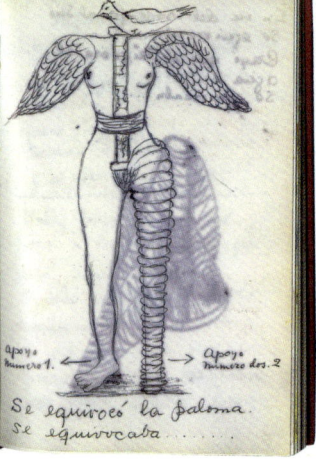

上图｜弗里达于20世纪40年代末开始写的日记

下图｜弗里达膝盖以下截肢前的日记，她把自己描绘成了"胜利女神"

房间，但她很少使用自己的工作室。她让人把床搬到一间通向花园楼梯上的小房间里，这个小房间变成了弗里达的起居室，她经常会在那里休憩片刻。即使卧床不起，她也可以从那儿欣赏到花园里的植物，静听窗外的喷泉。

起初，弗里达不愿意戴假肢，因为每次佩戴假肢都会让她疼痛难忍，后来她学会了如何用假肢短距离地行走，但始终没能完全适应佩戴假肢的生活。尽管弗里达的精神骤然萎靡不振，但她还是笑对访客，风趣幽默。伯特伦·沃尔夫写道："即使弗里达身体日渐衰弱，也会偶尔闪现出无与伦比的欢乐、幽默和温柔。她对依赖她的人总是那么体贴入微，她的笑声极富感染力。哪怕病榻上的她历经苦痛，只要听到她的笑声，周围的人也能被感染而笑起来。"[15]

弗里达日记的最后一段写道："我希望离开是快乐的——我希望永远不再回来。"有人说这句话是她在医院等着出院时写的，指的是离开医院，但因为这是她最后的文字，所以通常也被解读为指向死亡。

弗里达一直患有肺炎，但在1954年7月2日，她违背医嘱，去危地马拉参加了反对美国干预的抗议集会。她、迭戈和一万多名墨西哥人一起，在墨西哥城市中心从圣多明戈广场游行到宪法广场。她一改之前精致的发型，仅在头发上系了一条围巾。迭戈推着她的轮椅。两人在照片中看起来都很憔悴，但她支持革命事业的决心丝毫未减。

五天后，弗里达度过了她的44岁生日，那时她实际上已经

上图｜弗里达躺在床上，吉泽尔·弗伦德摄于1951年

下图｜弗里达的书桌，摄于1951年

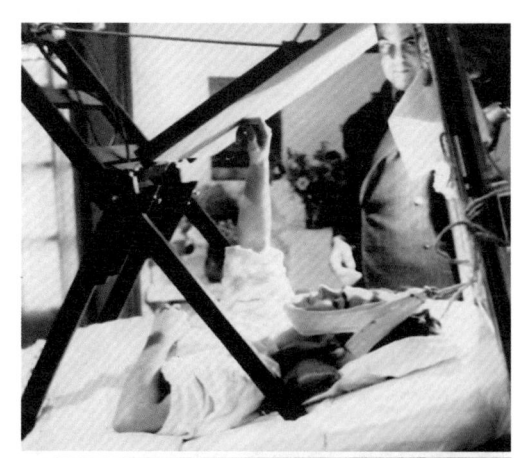

上图｜弗里达的健康状况不断恶化，她接受了几次手术，开始边在床上作画边调养恢复身体

下图｜弗里达和迭戈、胡安·奥戈尔曼一起参加抗议美国干预危地马拉政局的集会，摄于1954年

《生命万岁》，弗里达·卡罗，画于1954年，木板油画，52厘米×72厘米，现收藏于墨西哥城弗里达·卡罗博物馆

47岁了。她和众多客人一起举行了盛大的聚会。晚上八点，弗里达回到卧室，有几个客人来看她，她接待了他们。当晚会结束时，弗里达送给迭戈一枚古董金戒指，纪念他们第一次结婚25周年，并计划在下个月进行庆祝。

此前，弗里达画了一幅多汁的西瓜的静物画，她用红色的颜料写道："生命万岁。弗里达·卡罗，1954年墨西哥科瑶坎。"1954年7月13日凌晨，弗里达在"蓝房子"的床上去世。她的死亡证明书上列出的死因是肺栓塞，但很多人猜测她是自杀。

CHAPTER
*
9

第九章
遗产

《戴着荆棘项链和蜂鸟的自画像》细节图,弗里达·卡罗,画于1940年

虽然多年来，弗里达的健康每况愈下，精神也萎靡不振，但她的突然离世仍然让深爱她的人感到意外。这对迭戈来说尤其难以接受，失去她之后，迭戈才察觉到弗里达才是他的心中挚爱。一位朋友在弗里达死后不久来到这所房子，他说迭戈似乎一夜之间变老了，变成了一个年迈的老人。有别于以往，迭戈在媒体面前，不再侃侃而谈，而是一言不发。

美术学院院长安德烈斯·伊杜阿尔特曾是弗里达在国立预科学校的同学，他授权她的遗体停放在艺术宫受公众瞻仰，条件是不得有体现政治立场的行为。数百位朋友和仰慕者来向弗里达告别，其中包括两位前总统拉萨罗·卡德纳斯和埃米利奥·波特斯·希尔。弗里达的学生阿图罗·加西亚·布斯托斯将共产主义旗帜披在她的灵柩上，这一举动引起了媒体的轩然大波，伊杜阿尔特也因此失去了工作。

第二天中午，一大群人陪着弗里达的遗体来到多洛雷斯公墓，按照弗里达的遗愿将其火化。"我躺得太久了。"她曾对一个朋友说。她的骨灰被放在一个形状有点像青蛙的前西班牙时期的骨灰盒里，这个骨灰盒现在静静地安放在"蓝房子"她卧室的梳妆台上。

弗里达死后一年，迭戈娶了他多年的情人艾玛·乌尔塔多。彼时的他收入每况愈下，又罹患癌症，但他决心要安顿好自己和弗里达的遗产。他通过墨西哥银行建立了一个信托基金，把"蓝房子"和阿纳瓦卡依博物馆以及里面的东西都留给了墨西哥人民。他任命多洛雷斯·奥尔梅多为该信托基金的董事。奥尔梅多一直

从左顺时针方向依次是"蓝房子"的厨房、花园和弗里达的工作室

是迭戈的好朋友,她是一个成功的商人、艺术赞助人,从小就给迭戈当模特。奥尔梅多和弗里达在学校的时候是对手,那时奥尔梅多曾对弗里达的男朋友亚历杭德罗露过爱意。奥尔梅多拥有很多迭戈的画,还按照迭戈的要求买了几幅弗里达的画,尽管她曾公开表示不喜欢弗里达以及她的作品。[1] 迭戈要求在他死后的15年内,"蓝房子"的一些区域禁止开放,包括卧室外的浴室和一些储藏空间。

1957年11月24日,迭戈在圣天使家中的工作室去世。他在遗嘱中表示自己想要火化,并要求将他的骨灰和弗里达的混合

弗里达的卧室

在一起。[2]这个愿望最终没能实现。迭戈去世后，总统阿道夫·鲁伊斯·科蒂内兹将他的遗体安葬在了多洛雷斯公墓的圆形名人堂[3]中，以示纪念，他的家人对此也表示同意。

1958年7月12日，"蓝房子"作为弗里达·卡罗博物馆向公众开放。墨西哥诗人卡洛斯·佩利塞是弗里达的生前好友，也是"蓝房子"的第一位负责人和策展人。他负责把这所房子改造成博物馆。游客进入"蓝房子"时，都会有这样的印象：一切和弗里达及迭戈离开时一样。然而，出于必要，佩利塞还是做了不少改变。他为架子装上了玻璃保护罩，以方便展示墙上的各种艺术品。同时，他还整理好了弗里达的颜料、笔刷和个人物品。托洛茨基在"蓝房子"居住期间，考虑到安全问题，外面的窗户和门都被封上了，但为了方便访客在房间中穿行，佩利塞对房子做了改动。佩利塞完成这些工作后，给弗里达写了一封信，信中他告诉弗里达自己做的事情，希望弗里达能同意他的决定："我昨天已经把你的房子整理好了，你下次回来的时候，会不会跟我大吵一架呢？你的画室是你创作一幅幅美妙画作的见证，我在那里挂了几幅你的作品……"[4]

1953年，拉克尔·蒂博尔曾在"蓝房子"住过一段时间，他写道："东西几乎还在原来的地方，但他们没有展现房子主人真实的生活秩序，而是从来访者的视角呈现了这座房子……他们的日常生活杂乱不堪，现在却固化成一种确定的秩序，粉饰曾经的真实只是为了强调某些意义。"[5]蒂博尔很公允地评论说，佩利塞有一个疏漏：他没有在"蓝房子"中展览任何圭勒莫·卡罗的拍摄作品。[6]圭勒莫是房子的原主人，这位重要的艺术家，深刻地影响了弗里达，他的一些作品理应得到展示。

迭戈去世时，阿纳瓦卡伊博物馆只完成了三分之一。建设工作由胡安·奥戈尔曼和迭戈的女儿露丝继续监督，露丝也是一位建筑师。1964年，阿纳瓦卡伊博物馆开幕。除了整栋建筑和里面收藏的大量前西班牙时期的艺术品，周围还有超过4.6万平方米的生态保护区以及令艺术家们神往的埃尔佩德雷加尔景观。如今，游客们也能一睹为快。

弗里达辞世之际，在艺术界以外仍是默默无闻，而在艺术界，人们也大多称她为迭戈·里维拉的妻子。没有人能预料她后来会享誉国际，弗里达本人更想不到。在她去世 12 年后，一部低成本的纪录片《弗里达·卡罗的生与死，对话卡伦和大卫·克罗米》在旧金山国际电影节上首映。这部电影介绍了弗里达的一生，而她及其作品也正好顺应了当时的时代潮流。女权主义者和奇卡诺艺术家认为弗里达象征着女性的力量和坚韧不拔的品格，她的形象也逐渐出现在其他艺术家的作品中。1983 年，海登·赫雷拉出版了重量级巨著《弗里达：弗里达·卡罗传》。从那以后，弗里达声名鹊起。

1985 年，墨西哥政府通过了一项法律，声称弗里达的作品具有"毫无疑问的美学价值，受到艺术界广泛赞誉"，应被视作一座艺术丰碑，其销售也应受到限制，除临时展出外，禁止出口，暂时外借展出需经墨西哥国家美术研究所特别许可。20 世纪 80 年代末 90 年代初，流行歌星麦当娜自称对弗里达的作品产生了浓厚的兴趣，这进一步提高了弗里达的声望。这位歌手收藏了《1940 年与猴子的自画像》和《我的出生》两幅作品。1990 年，麦当娜接受《名利场》采访时，声称《我的出生》这幅画是她检验能否成为她朋友的试金石："如果有人不喜欢这幅画，我就知道他们不能成为我的朋友。"她还公开表示打算拍摄一部关于这位艺术家生平的传记。墨西哥女演员兼制片人萨尔玛·哈耶克抢了先，于 2002 年制作并主演了朱莉·泰莫导演的电影《弗里达》，这部电影使弗里达成了家喻户晓的名字。

近几十年来，弗里达·卡罗已经成为国际知名的艺术家，她的名声影响到流行文化领域，她的形象几乎和圣母玛利亚一样无处不在：T恤、日历、咖啡杯、冰箱磁铁、手机套等，随处可见弗里达的肖像。她闻名遐迩，即使不知道她有何成就的人对她的名字也是耳熟能详。2000年，弗里达的头像被印在了美国邮票上。2010年，墨西哥政府发行了一张新设计的500比索面值的纸币，正面是迭戈，背面是弗里达。

多洛雷斯·奥尔梅多一直担任弗里达·卡罗和迭戈·里维拉信托基金的主任，直至2002年辞世。迭戈让她保管完好的浴室和储藏室还是没有对外开放。2004年，博物馆工作人员进入这些地方，打开了尘封的衣橱，他们发现数以百计的文档、照片和艺术作品，以及300件弗里达和迭戈的衣服及个人物品，这些藏品为了解他们的生活和个性提供了丰富的宝贵资料。

2007年，在弗里达100周年诞辰之际，墨西哥为她举行了一场全国性的纪念活动：从6月14日到8月19日，她的作品在墨西哥城的艺术宫展览。这是弗里达作品的最大规模展览，展品包括从世界各地私人收藏中借来的作品，以及从未展出过的照片和信件。该展览吸引了超过36万名观众，打破了艺术宫单个展览的参观人数纪录。从那时起，世界各地开始有越来越多的人了解及参观弗里达的作品展。

弗里达生活的时代，墨西哥正发生着天翻地覆的变革：从总统波菲里奥·迪亚斯的家长式统治，到墨西哥革命和墨西哥文艺复兴，再到重估墨西哥文化和传统，以及后来的政府整合革命目标进行有组织的制度革命。弗里达的生活深受这些事件的影响，同时她也推动了这些事件的发展。弗里达去世前一年，墨西哥妇女才享有了投票权，但这并不妨碍弗里达参与各种政治活动。从1929年弗里达参加的第一次游行，到她去世前11天去危地马拉参加的反对美国干预的抗议集会，都可以看出她要推动变革的决心。

另一个贯穿她一生的主线是迭戈。他们的关系跌宕起伏，一波三折，但她始终对迭戈倾心不已。两个对艺术、墨西哥和革命事业有着共同热忱且个性鲜明的人结为夫妻，婚姻关系却别于传统。尽管迭戈将自己的骨灰和弗里达的骨灰放在一起的愿望并未得到实现，但这对恋人激情澎湃的爱情故事，一直被公众铭记于心，不断引人驰思遐想。

弗里达一生创作了大约200件艺术品，几乎完全采用了墨西哥艺术的形式，包括肖像画、还愿画和静物画，多数作品是小幅画作，在金属板而非画布上进行创作。弗里达近三分之一的作品都是自画像，她借鉴宗教、前西班牙时期的艺术品、流行艺术的形式以及丰富的象征意义，一次次地描绘自己，使自己化身世俗圣人。她在自己的生活周围编织出一个神话，并将自己置身于符号和图腾之中；她用画笔将生活修修剪剪，以表达最真实的自己。如此一来，围绕她的神话越来越多，许多个人和团体也借用她的形象和意识形态观点来宣传他们想要传达的信息。她是女权、残疾人、同性恋者以及那些不循性别桎梏之人的精神图腾。

弗里达和其他人都没有预见到她会在流行文化中如此风行，然而，通过不断创作自画像，她已为自己未来的显赫声誉埋下了伏笔。尽管她是那个时代的典型女性，但她的作品具有惊人的现

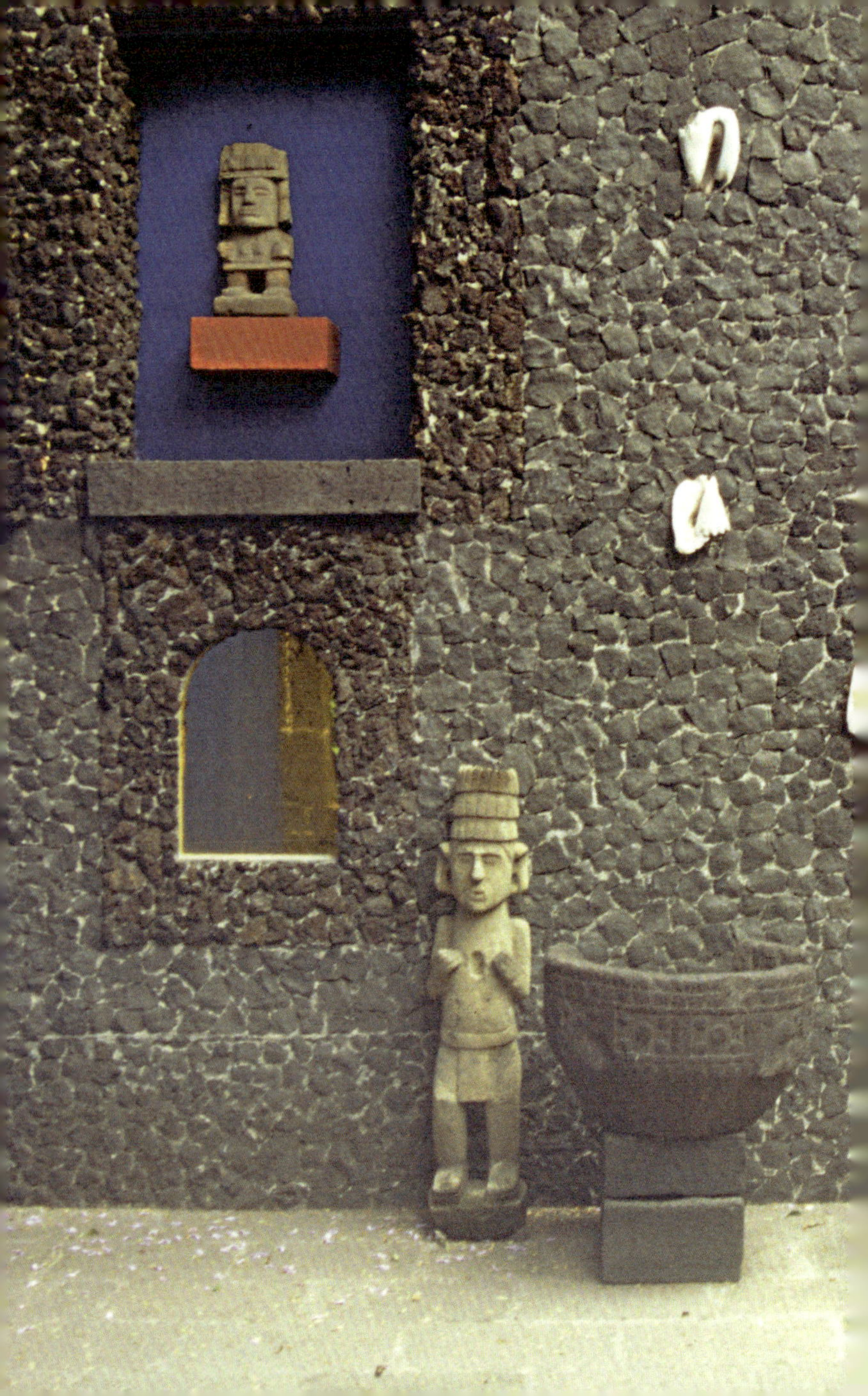

"蓝房子"的庭院,现在是弗里达·卡罗博物馆

在"蓝房子"花园中的弗里达,吉泽尔·弗伦德摄于1951年

实意义，引发人们共鸣。在这个自拍盛行和分享过度的时代，她的许多自画像像是在与我们进行一场富有现代意义的谈话。她用画笔描绘她的私密生活，描绘她真实残酷且血淋淋的痛苦，无惧披露自己的隐秘，打破禁忌，惊世骇俗。

在弗里达的一生中，墨西哥的上层阶级普遍认为她粗俗无理。她也受到了许多人的嘲笑，他们认为她名实难副、过度自恋、缺少天分，认为人们过度关注她而忽视了其他更重要的女性艺术家。毫无疑问，弗里达前所未有的人气将不可避免地引发强烈争议，但无论怎样，她的影响力依然存在。她的作品摆在那里，其非凡的创造力和独特的个性令无数人心驰神往。

弗里达住过的房子是墨西哥城备受欢迎的景点之一。圣天使的家和阿纳瓦卡伊博物馆都吸引着无数游客，而"蓝房子"是一个特别的地方，这里的丝丝缕缕都可以让人们感受到与弗里达的联系，了解她的生活和她的世界。这个地方是她出生、生活、庆祝、受苦、相爱和死亡的地方，已然成为那些欣赏她艺术并从她生活中获得鼓舞的人的朝圣地。这座房子反映了她最珍贵的东西，它低声絮语，每位游客只需静听，心中即明。这座房子似乎浸润了弗里达精神的一部分，今天，人们在这里仍然能感受到弗里达的存在。

尾注

第一章：诞生及科瑶坎的童年

1. 圭勒莫和玛蒂尔德的结婚证复印版，路易斯-马丁·洛萨诺（Luis-Martín Lozano），《弗里达·卡罗阿菲多之圆》（*Frida Kahlo El Círulo de los Afectos*），刚革列候（Cangrejo）出版社，2007年，第36页。两人结婚时，安东尼奥·卡尔德隆（玛蒂尔德父亲）已经过世。

2. 海登·赫雷拉，《弗里达：弗里达·卡罗传》，派瑞尼尔（Perennial）出版社，2002年，第7页。

3. 杰弗里·W.科迪（Jefrey W. Cody），《1870~2000年美国建筑出口年鉴》（*Exporting American Architecture*），劳特利奇（Routledge）出版社，2003年，第16页。

4. 帕特丽夏·萨法·巴拉扎（Patricia Safa Barraza），《墨西哥城居民区》（*Vecinos y Vecindarios en la Ciudad de Mexico*），社会人类学研究和高等研究中心（Centro de Investigaciones y Estudios Superiores en Antropología Social），伊帕拉帕自治市大学（Universidad Autónoma Metropolitana-Iztapalapa），1998年，第85页。

5. 路易斯·伊凡尔特·杜伯纳德（Luis Everaert Dubernard）的文章："弗里达·卡罗在科瑶坎的时光"（The Coyoacán of Frida Kahlo），《弗里达的蓝房子》（*La Casa Azul de Frida*），墨西哥银行（Banco de Mexico），2007年。

6. 墨西哥历史学家比阿特丽斯·沙勒·塔姆（Beatriz Scharrer Tamm）指出，在弗里达家的早期黑白照片中，这座房子远没有现在那么蓝。她认为那会儿墙壁是"白色或某些柔和的色调"，并推测当时的装饰可能是以红赭石或棕褐色为主。《弗里达的蓝房子》，第161页。

7. 所罗门·格里姆伯格（Salomon Grimberg），《弗里达·卡罗之歌》（*Frida Kahlo: Song of Herself*），迈乐（Merrell）出版社，2008年，第58页。

8. 卡洛斯·富恩特斯（Carlos Fuentes），《弗里达·卡罗日记》

(*The Diary of Frida Kahlo: An Intimate Self-Portrait*),艾布拉姆斯(Abram)出版社,2005年,第153~154页。

9　拉克尔·迪波尔(Raquel Tibol),《弗里达·卡罗生活揭秘(*Frida Kahlo: An Open Life*),UNM出版社,1993年,第31页。

10　所罗门·格里姆伯格,《弗里达·卡罗之歌》,第64页。

11　一些研究人员认为弗里达出生时患有脊柱裂以及脊髓灰质炎先天性缺陷。瓦尔曼塔·布德里斯(Valmantas Budrys),《弗里达·卡罗生活和工作中的神经缺陷》(*Neurological Deficits in the Life and Works of Frida Kahlo*),《欧洲神经病学》(*European Neurology*),第55卷,第1期,2006年。

12　给阿德利娜·赞德贾斯(Adelina Zendejas)的纸条(未标注日期),拉克尔·迪波尔,《弗里达书信集》(*Frida by Frida*),RM编辑(Editorial RM)出版社,2006年,第15页。

13　拉克尔·迪波尔,《弗里达·卡罗生活揭秘》,第39页。

14　盖比·弗兰格(Gaby Franger)和雷纳·胡尔(Rainer Huhle)的研究,揭秘了圭勒莫家族历史,《弗里达的父亲:摄影师圭勒莫·卡罗》(*Fridas Vater: Der Fotograf Guillermo Kahlo*),2005年。

15　20世纪30年代中期,圭勒莫的身体每况愈下,于1941年逝世。即使他想要与希特勒奋战到底,他的身体状况也不允许。在伊索达·卡罗(Isolda Kahlo)的书《弗里达的亲密关系》(*Frida Íntima*)中,圭勒莫被描绘成一个政治人物,甚至建议托洛茨基要远离政治。2004年。

16　尼勒克·尼克斯(Nelleke Nix)和玛丽安·胡伯(Marianne Huber)收藏了弗里达·卡罗的信件。安妮特·B.拉姆雷斯·德阿雷拉诺(Annette B. Ramírez de Arellano)和塞尔万多·奥托(Servando Ortoll),《圭勒莫·卡罗给女儿的一封信:最亲爱的小弗里达》(*'Dearest Frieducha!': The Letters of Guillermo Kahlo to His Daughter Frida*),特别收藏于墨西哥国家妇女艺术博物馆图书馆和研究中心(National Museum of Women in the Arts Library and Research Center)。

17　格罗内尔·里维拉(Goronel Rivera),胡安·拉斐尔(Juan Rafael),《弗里达·卡罗:图像变形计》(*Frida Kahlo: The Metamorphosis of the Image*),RM编辑出版社,2005年,第67页。

第二章：墨西哥城的校园生活

1 迭戈·里维拉与弗里达·卡罗的档案，墨西哥银行。
2 拉克尔·迪波尔，《弗里达书信集》，第15页。
3 迭戈·里维拉与弗里达·卡罗的档案，墨西哥银行。
4 帕特里克·马尔汉（Patrick Marnham），《白日梦：迭戈·里维拉的一生》（*Dreaming with his Eyes Open: A Life of Diego Rivera*），加州大学出版社，2000年，第117页。
5 所罗门·格里姆伯格，《弗里达·卡罗之歌》，第75页。
6 迭戈·里维拉、格拉迪斯·马尔奇，（Gladys March），《我的艺术，我的生活》（*My Art, My Life*），多佛（Dover）出版社，1992年，第74页。
7 拉克尔·迪波尔，《弗里达书信集》，第51页。
8 迭戈·里维拉、格拉迪斯·马尔奇，《我的艺术，我的生活》，多佛出版社，1992年，第76页。
9 路易斯·E.卡兰萨（Luis E. Carranza），《建筑革命：墨西哥现代史的片段》（*Architecture As Revolution: Episodes in the History of Modern Mexico*），得克萨斯大学出版社，2010年，第47页。
10 费尔南多·费尔南德斯（Fernando Fernandez）写的信在弗里达·卡罗博物馆展出。
11 海登·赫雷拉，《弗里达：弗里达·卡罗传》，第49页。
12 拉克尔·迪波尔，《弗里达书信集》，第41页。
13 同上，第53页。
14 同上，第50页。
15 同上，第70页。
16 同上，第76页。
17 同上，第77页。
18 詹姆斯·欧雷斯（James Oles）的文章："20世纪20年代在卡楚恰咖啡馆的弗里达·卡罗"（At the Café de los Cachuchas: Frida Kahlo in the 1920s），《西班牙裔研究期刊》（*Hispanic Research Journal*），2007年，第467～489页。

19 同上，第468页。

第三章：不登对的一对

1 弗里达的病反复发作也许是因为先天畸形（脊柱裂、脊柱侧凸），脊髓灰质炎后综合征，以及那次意外事故的后遗症。
2 迭戈·里维拉、格拉迪斯·马尔奇，《我的艺术，我的生活》，第102页。
3 所罗门·格里姆伯格，《弗里达·卡罗之歌》，第74页。
4 有人认为这位年轻女性就是弗里达本人，但缺少了其自画像中常常出现的连心眉。弗里达的侄女伊索达则声称这其实是她的母亲克里斯蒂娜。
5 《新闻报》，墨西哥城，1929年8月23日。
6 伯特伦·沃尔夫，《迭戈·里维拉的一生与他所在的时代》（*Diego Rivera: His Life and Times*），第275页。
7 瓜达卢普·里维拉·马林、玛丽·皮埃尔·科莱（Marie-Pierre Colle），《弗里达的节日》（*Frida's Fiestas*），Clarkson Potter出版社，1994年，第32页。
8 伯特伦·沃尔夫，《迭戈·里维拉的一生与他所在的时代》，第249页。
9 海登·赫雷拉，《弗里达：弗里达·卡罗传》，第101页。
10 班比（Bambi）的文章《弗里达·卡罗是一半》（Frida Kahlo es Una Mitad），海登·赫雷拉，《弗里达：弗里达·卡罗传》，第101页。
11 迭戈·里维拉与弗里达·卡罗的档案，墨西哥银行。
12 迭戈·里维拉写给弗里达·卡罗的信，1939年1月27日，迭戈·里维拉与弗里达·卡罗的档案，墨西哥银行。
13 伦纳德·沃嘎瑞特（Leonard Folgarait），《蒂娜·莫多提和1928年墨西哥共产主义形象：记事》（*Tina Modotti and the Image of Mexican Communism in 1928: La técnica'Crónicas*），墨西哥国立自治大学美学研究所（Instituto de Investigaciones Estéticas），第10～11期，2002年3月～2003年2月，第41～52页。
14 海登·赫雷拉，《弗里达：弗里达·卡罗传记》，第106页。
15 帕特里克·马尔汉，《白日梦：迭戈·里维拉的一生》，第228页。
16 玛尔塔·图罗克（Marta Turok），《灵魂之镜：弗里达·卡罗衣服和身份》（*Mirrors of the Soul: Textiles and Identity in Frida Kahlo*），《弗里达的蓝房子》，查帕版本（Chapa Editions）出版社，2007年。

第四章：旅美时光

1. 1932年4月23日日记，见格罗内尔·里维拉、胡安·拉斐尔，《迭戈·里维拉与弗里达·卡罗在底特律》(*Diego Rivera and Frida Kahlo in Detroit*)，第124页。

2. 1930年12月14日记、爱德华·韦斯顿，甘尼特·安考瑞（Gannit Ankori），《弗里达·卡罗》，感应（Reaktion）书屋，2013年，第10页。

3. 路德·伯班克房屋和花园的纪念碑。

4. 迭戈·里维拉和弗里达·卡罗的档案，墨西哥银行。

5. 迭戈·里维拉、格拉迪斯·马尔奇，《我的艺术，我的生活》，第107页。

6. 海登·赫雷拉，《弗里达：弗里达·卡罗传》，第118页。

7. 所罗门·格里姆伯格，《弗里达·卡罗之歌》，第116页。

8. 所罗门·格里姆伯格，《我永远不会忘记你》(*I Will Never Forget You*)，席尔默/摩泽尔（Schirmer/Mosel）出版社，2004年，第14页。

9. 拉克尔·迪波尔，《弗里达书信集》，第111页。

10. 同上，第105页。

11. 同上，第107页。

12. 1934年3月11日，弗里达在给艾拉·沃尔夫的信中提到，她再次见到了欧姬芙，但因欧姬芙身体欠佳，她们当时没有做爱。拉克尔·迪波尔，《弗里达书信集》，第129页。

13. 莎朗·E.弗雷德勒（Sharon E. Friedler）、苏珊·B.格雷泽（Susan B. Glazer），《跳舞的女人》(*Dancing Female*)，哈伍德学术（Harwood Academic）出版社，1997年，第25~26页。

14. 拉克尔·迪波尔，《弗里达书信集》，第113~114页。

15. 马克·罗森塔尔（Mark Rosenthal），《迭戈和弗里达：底特律戏剧化的生活》(*Diego and Frida: High Drama in Detroit*)，《迭戈·里维拉和弗里达·卡罗在底特律》，第51页。

16. 同上，第53页。

17. 1932年5月26日致埃洛瑟医生的信，《亲爱的医生：弗里达·卡罗与里昂·埃洛瑟的通信》(*Querido Doctorcito: Frida Kahlo y Leo Eloesser Correspondmcia*)，第26页。

18 卢西恩·布洛赫、布洛赫/克罗米（Bloch/Crommie）的采访"失去的欲望（The Lost Desire）"，《迭戈·里维拉和弗里达·卡罗在底特律》，第151页。

19 1932年2月21日，迭戈·里维拉写的信，格罗内尔·里维拉，胡安·拉斐尔，《迭戈·里维拉与弗里达·卡罗在底特律》，第141页。

20 1932年10月1号，迭戈·里维拉的信，迭戈·里维拉和弗里达·卡罗的档案，墨西哥银行。

21 所罗门·格里姆伯格，"失去的欲望"，《迭戈·里维拉和弗里达·卡罗在底特律》，第154页。

22 甘尼特·安考瑞，《弗里达·卡罗》，第74页。

23 弗洛伦斯·戴维斯（Florence Davies）发表在《底特律新闻》（*Detroit News*）上的文章。

24 卢西恩·布洛赫的日记，引自海登·赫雷拉的《弗里达·卡罗传》，第170页

第五章：在圣天使的分分合合

1 路易斯·E.卡兰萨和费尔南多·路易斯·劳拉（Fernando Luiz Lara），《拉丁美洲的现代建筑：艺术、技术和乌托邦》（*Modern Architecture in Latin America: Art, Technology and Utopia*），得克萨斯大学出版社，2015年，第71~72页。

2 埃内斯蒂娜·奥索里奥（Ernestina Osorio），《不平等的婚姻：圣天使旅馆，1929~1932年间》（*La Casa Estudio de San Ángel Inn c. 1929-1932*），《家庭生活谈判：现代建筑中性别的空间生产》（*Negotiating Domesticity: Spatial Productions of Gender in Modern Architecture*），希尔德·海嫩（Heynen Hilde）、盖尔萨姆·巴依达尔（Gülsüm Baydar）编写，劳特利奇（Routledge）出版社，2005年，第225页。

3 病历，贝根（Begún），《弗里达·卡罗之歌》，第116页。

4 1934年11月26日致埃洛瑟医生的信。

5 海登·赫雷拉，《弗里达·卡罗：画集》（*Frida Kahlo: The Paintings*），哈珀·派瑞尼尔（Harper Perennial）出版社，2002年，第111页。

6 马哈雷特·A.林达尔（Margaret A. Lindauer），《吞噬弗里达：弗里

达的艺术史和名气》(*Devouring Frida: The Art History and Popular Celebrity of Frida Kahlo*),维思大学(Wesleyan University)出版社,1999年,第31页。

7　1935年7月23日的信,伯特伦·沃尔夫,《迭戈·里维拉的一生与他所在的时代》,第357页。

8　伯特伦·沃尔夫,《迭戈·里维拉的一生与他所在的时代》,第358页。

9　海登·赫雷拉,《弗里达:弗里达·卡罗传》,第200页。

10　同上,第306页。

第六章:超现实主义之声

1　阿德里亚娜·萨瓦拉(Adriana Zavala),《弗里达·卡罗的花园》(*Frida Kahlo's Garden*),普雷斯特尔(Prestel)出版社,2015年,第29页。

2　伯特兰·M.帕特诺德(Bertrand M. Patenaude),《托洛茨基:一位革命家的倒台》(*Trotsky: Downfall of a Revolutionary*),哈珀·柯林斯(Harper Collins)出版社,2009年,第57页。

3　让·万·海恩诺特,《流亡的托洛茨基:从普林基波到科瑶坎》(*With Trotsky in Exile: from Prinkipo to Coyoacán*),哈佛大学出版社,1978年,第114页。

4　伯特兰·M.帕特诺德,《托洛茨基:一位革命家的倒台》,第102页。

5　马哈雷特·A.林达尔,《吞噬弗里达:弗里达的艺术史和名气》,第39页。

6　约翰·扎日贝尔(John Zarobel)的文章:"弗里达·卡罗身上的混血血统"(The Hybrid Sources of Frida Kahlo),《伯克利拉丁美洲研究综述》(*Berkeley Review of Latin American Studies*),加州大学伯克利分校,2008年秋,第29页。

7　安德烈·布勒东,《超现实主义的宣言》(*Manifestoes of Surrealism*),美国密歇根大学出版社,1969年,第26页。

8　拉克尔·迪波尔,《弗里达书信集》,第275页。

9　致安东尼奥·罗德里格斯(Antonio Rodriguez)的信,1952年,贾妮丝·埃兰(Janice Helland)的文章《弗里达·卡罗画作中的阿兹特克形象:本土与政治承诺》(*Aztec Imagery in Frida Kahlo's Paintings: Indigenity and Political Commitment*),《妇女艺术杂志》

（*Woman's Art Journal*），第11卷，第2期（1990年秋～1991年冬），第12页。

10 伯特伦·沃尔夫，《迭戈·里维拉的一生与他所在的时代》，第360页。

11 同上，第359页。

12 1939年1月28日弗里达致迭戈的信。

13 1939年2月27日弗里达写的信，美国艺术档案馆（Archives of American Art），尼克拉斯·穆雷文稿。

14 海登·赫雷拉，《弗里达：弗里达·卡罗传》，251页。

15 1939年2月16日弗里达写的信，美国艺术档案馆。

第七章：重拾旧日时光

1 《环球报》（*El Universal*），1939年10月19日，海登·赫雷拉，《弗里达：弗里达·卡罗传》，第274页。

2 迭戈·里维拉、格拉迪斯·马尔奇，《我的艺术，我的生活》，第139页。

3 1940年1月弗里达写给尼克拉斯·穆雷的信，所罗门·格里姆伯格，《我永远不会忘记你》，第35页。

4 1939年10月25日，致《今日》（*Hoy*）杂志的编辑阿方索·曼里克（Alfonso Manrique）的信。

5 奥里亚纳·巴德利（Oriana Baddeley），《创造新世界：强奸与和解的寓言》（*Engendering New Worlds: Allegories of Rape and Reconciliation*），《视觉文化读本》（*The Visual Culture Reader*），劳特利奇出版社，1998年，第586页。

6 尼克拉斯·穆雷给弗里达·卡罗的信，所罗门·格里姆伯格，《我永远不会忘记你》，第26页。

7 奥里亚纳·巴德利，《揭开卡罗的神秘面纱》（*Defrocking the Kahlo Cult*），《牛津艺术杂志》（*Oxford Art Journal*），第14卷，第1期（1991年），第14页。

8 1940年2月15日，弗里达致西格蒙德·费尔斯通（Sigmund Firest-one）的信，拉克尔·迪波尔，《弗里达书信集》，第223页。

9 1940年6月11日，弗里达致迭戈的信，拉克尔·迪波尔，《弗里达书信集》，第237页。

10 1940年7月10日，弗里达致迭戈的信，迭戈·里维拉和弗里达·卡罗的档案，墨西哥银行。

11 同上。

12 同上。

13 弗里达给埃米·卢·帕卡德的信,海登·赫雷拉,《弗里达:弗里达·卡罗传》,第303页。

14 阿德里亚娜·萨瓦拉,《弗里达·卡罗:艺术、花园、人生》(Frida Kahlo: Art, Garden, Life),《弗里达的花园》,第32页。

15 埃米·卢·帕卡德的文稿,美国艺术档案馆,阿德里亚娜·萨瓦拉,《弗里达的花园》,第35页。

16 1941年7月18日致埃洛瑟医生的信,马哈雷特·A.林达尔,《吞噬弗里达:弗里达的艺术史和名气》,第49页。

17 所罗门·格里姆伯格,《弗里达·卡罗之歌》,第67页。

18 迭戈·里维拉、格拉迪斯·马尔奇,《我的艺术,我的生活》,第155页。

19 圭勒莫·蒙罗伊,弗里达·马埃斯特拉(Frida Maestra),路易莎·莱利(Luisa Riley)/卡纳22(制片人),2005年,传记。

20 南锡·德费巴(Nancy Deffebach),《玛利亚·伊斯基耶多和弗里达·卡罗:当代墨西哥艺术的挑战》(*María Izquierdo and Frida Kahlo: Challenging Visions in Modern Mexican Art*),得克萨斯大学出版社,2015年,第136页。

21 拉克尔·迪波尔,《弗里达·卡罗生活揭秘》,第178页。

第八章:蓝房旧事

1 伊索达·卡罗,《弗里达的亲密关系》,第115页。

2 里维拉·马林,《弗里达的节日》,第24页。

3 所罗门·格里姆伯格,《弗里达·卡罗之歌》,第37页。

4 同上。

5 马哈雷特·A.林达尔,《吞噬弗里达:弗里达的艺术史和名气》,第58页。

6 玛尔塔·萨莫拉(Martha Zamora),《弗里达·卡罗的书信:卡塔斯·阿帕西奥纳达斯》(*The Letters of Frida Kahlo: Cartas Apasionadas*),编年史(Chronicle)出版社,1995年,第121页。

7 据比阿特丽斯·沙勒·塔姆介绍,将这栋房子改造成博物馆时,工作人员故意堵住了连接露台和厨房的门。

8 比阿特丽斯·沙勒·塔姆，《弗里达的蓝房子》。
9 伊索达·卡罗，《弗里达的亲密关系》，第166页。
10 吉泽尔·弗伦德，《弗里达·卡罗：吉泽尔·弗伦德摄影集》（*Frida Kahlo: The Gisele Frèund Photographs*），哈里·N.阿布拉姆斯（Harry N. Abrams），2015年，第27页。
11 卡洛斯·富恩特斯，《弗里达·卡罗日记》，第274页。
12 同上，图141。
13 迭戈·里维拉、格拉迪斯·马尔奇，《我的艺术，我的生活》，第177页。
14 卡洛斯·富恩特斯，《弗里达·卡罗日记》，第278页。
15 沃尔夫·伯特伦，《迭戈·里维拉的传奇一生》（*The Fabulous Life of Diego Rivera*），库柏·斯奎尔（Cooper Square）出版社，2000年，第399页。

第九章：遗产

1 乔纳森·坎德尔（Jonathan Kandell），《迭戈·里维拉的赞助人，多洛雷斯·奥尔梅多去世，享年88岁》（*Dolores Olmedo, a Patron to Diego Rivera, Dies at 88*），《纽约时报》（*New York Times*），2002年8月2日。
2 沃尔夫·伯特伦，《迭戈·里维拉的传奇一生》，第413页。
3 2003年更名为"名人圆形大厅"（Rotunda of Illustrious Persons）。
4 1958年7月卡洛斯·佩利塞尔（Carlos Pellicer）写给弗里达的信，引自波菲里奥·埃尔南德斯（Porfirio Hernández）的文章："蓝房子"（La Casa Azul），《世纪》（*Milenio*）杂志，2015年6月22日。
5 拉克尔·迪波尔，《弗里达·卡罗生活揭秘》，第174页。
6 同上，第175页。

原版书图片索引

The publishers would like to thank all those listed below for permission to reproduce artworks and for supplying photographs. Every care has been taken to trace copyright holders. Any copyright holders we have been unable to reach are invited to contact the publishers so that a full acknowledgement may be given in subsequent editions.

All artwork by Frida Kahlo and Diego Rivera © Banco de México Diego Rivera Frida Kahlo Museums Trust, Mexico, D.F./DACS

In addition, the following acknowledgements are due:

akg-images: 88, 146, 169

Alamy Stock Photographs: 14, 15 (Wendy Connett); 20 (World History Archive); 33 (The Print Collector); 70, 107 top right, 139 top (Heritage Image Partnership Ltd); 86 left (Granger, NYC/ Photograph by Lucienne Bloch); 131 bottom (© Prisma Bildagentur AG); 152–3 (© National Geographic Creative); 196 left
(© Paul Gordon); 196 top right (© John Warburton-Lee Photography); 196 bottom right
(© The Art Archive); 200–1 (© John Mitchell)

Archives of American Art, Smithsonian Institution, Emmy Lou Packard papers, 1900–90: 158 top (Emmy Lou Packard photographer); 158 bottom (Diego Rivera photographer)

© Archivo Diego Rivera y Frida Kahlo, Banco de México, Fiduciario en el Fideicomiso relativo a los Museos Diego Rivera y Frida Kahlo: 10 top left, top right, bottom, 12 right, 13, 16, 18, 22, 23 top, bottom, 33 top left, top right, 53, 62, 79, 141, 157, 173 bottom, 182–3, 191

Suzanne Barbezat: Back cover, 6–7, 166–7
Bridgeman Art Library: 30, 44 (Private Collection/Photograph Jorge Contreras Chacel); 59 (Galerie Bilderwelt); 74, 105 (Private Collection/Photograph © Christie's Images); 107 (Detroit Institute of Arts, USA); 110, 119 (Photograph © Christie's Images); 128, 135 (Christie's Images/Photograph © Christie's Images); 136 top (Photograph © PVDE); 155 left (Photograph © 1985 The Detroit Institute of Arts)

© Museo Casa Estudio Diego Rivera y Frida Kahlo: 112, 114

Courtesy of the Detroit Historical Society: 92

Courtesy of Detroit Public Library, USA: 106

Courtesy of Fototeca, Hemeroteca y Bilbioteca Mario Vázquez Raña/ organización editorial mexicana s. a. de c. v.: 61

© Javier García Moreno Elizondo, www.javiergmphotography.com: 34

Getty Images: Cover (Bettman); 38 (ullstein bild); 77 (General Photographic Agency); 84 (MCNY/ Gottscho-Schleisner); 90 (Bettmann/ CORBIS); 94–5 (Photograph by Time Life Pictures/Mansell/The LIFE Picture Collection); 118 (Alejandra Matiz/Leo Matiz Foundation Mexico); 124 (© Underwood Archives); 155 right (Paul Popper/Popperfoto); 159 (Graphic House); 164 (Jacqueline Paul); 168 top left (Hulton Archive); 197 (Miguel Tovar/STF)

Courtesy of Laure van Heijenoort: 136 bottom

Photographs © IMEC, Fonds MCC, Dist. RMN-Grand Palais/Gisèle Freund: 172, 175, 188, 189, 202

© Nickolas Muray Photo Archives, photographs by Nickolas Muray: 139 bottom, 180

Courtesy Old Stage Studios: 97, 108 (photographs by Lucienne Bloch 1909–1990, www.luciennebloch.com); 109 (photograph by Stephen Pope Dimitroff)

Courtesy Pointed Leaf Press, first published in Frida Kahlo: Photographs of Myself and Others: 5, 126 (photograph by Carlos Dávila); 52 (photograph by Guillermo Kahlo © Guillermo Kahlo Estate); 115, 174 (© Vicente Wolf collection)

Photo © Centre Pompidou, MNAM-CCI, Dist. RMN-Grand Palais/Jean-Claude Planchet: 144

Scala Archives, Florence: 8, 27 (Digital image © The Museum of Modern Art, New York); 113 (Photograph by Guillermo Kahlo/ Digital image © The Museum of Modern Art, New York)

© secretaria de cultura. inah.sinafo. fn.mx: 168 bottom(498388)

Shutterstock: Cover quarter binding, 4 (anafotomx); 66–7 (Noradoa)

Courtesy Throckmorton Fine Art, New York: 49, 104, 173 top

Courtesy of Villasana-Torres Collection, photographs by Guillermo Kahlo © Guillermo Kahlo Estate: 12 top, bottom, 28

致谢

在此，我要衷心感谢那些为本书写作提供过帮助的人，以及给予我使用图片和照片许可的人。感谢弗里达·卡罗博物馆和阿纳瓦卡依博物馆的卡洛斯·菲利普斯·奥尔梅多和希尔达·特鲁希略·索托的慷慨之举，他们允许我参观了迭戈·里维拉和弗里达·卡罗档案馆，并同意我引用弗里达和迭戈的通信，公开档案馆里珍藏的照片。感谢迭戈与弗里达故居博物馆的阿尔弗雷多·奥尔特加·奎萨达帮忙从各种渠道获取丰富的图片素材和图片使用权。感谢路德·伯班克故居花园的丽贝卡·贝克和蔼可亲地为我解答关于路德·伯班克以及弗里达和迭戈拜访路德·伯班克家的一些问题。感谢安德里亚·雷乔·希门尼斯翻译关于圭勒莫·卡罗的德语资料，为我提供了莫大的帮助。

感谢几个朋友读了本书的不同章节后，与我分享他们的真知灼见，其中包括简·约根森、金·刘易斯和丹妮尔·孔戴。感谢瑟琳娜·马可夫斯基在校对方面的鼎力相助，她也帮我解决了写作过程中遇到的一些问题。

非常幸运能和弗朗西斯·林肯出版社合作，和这里的每个人共事都让我感到愉快。在此要特别感谢我的编辑尼基·戴维斯，她为本书提供了深刻的见解，与她合作的每个环节都让人无比快乐。安娜·沃森为人耐心，幽默风趣，总是孜孜不倦地寻找照片来源和获取使用许可。

感谢我的"创意"（Las Greativas）写作团队的女性朋友们，感谢她们的友谊和鼓励。感谢我的父母和大家庭，他们信任我，为我加油鼓劲。感谢我的母亲，安·普莱斯，在我最需要的时候为我寄来了书和美食。最后，我尤其要对贝尼托、贾丝明和杰罗尼莫致以衷心的感谢，在我为本书倾注了大量的时间精力时，他们一直耐心地支持鼓励着我，在此一并致谢！

弗里达·卡罗：我就是自己的缪斯
FU LI DA KA LUO : WO JIU SHI ZI JI DE MIU SI

出版统筹：冯　波	营销编辑：李迪斐
项目统筹：谢　赫	陈　芳
责任编辑：谢　赫	装帧设计：赵　瑾
责任技编：王增元	

Frida Kahlo at Home
Design copyright © Quarto Publishing plc
Text Copyright © Suzanne Barbezat 2016
Image Copyright © as listed on page 244
All artwork by Frida Kahlo and Diego Rivera © Banco de México
Diego Rivera Frida Kahlo Museums Trust, Mexico, D.F./DACS
First published in 2016 by Frances Lincoln, an imprint of The Quarto Group
All rights reserved.
No part of this publication may be reproduced, stored in a retrieval system,
or transmitted,in any form, or by any means, electronic, mechanical, photocopying,
recording or otherwise without the prior written permission of the publisher or a
licence permitting restricted copying.
Chinese edition © Guangxi Normal University Press Group Co., Ltd.2025
著作权合同登记号桂图登字：20-2025-019 号

图书在版编目（CIP）数据

弗里达·卡罗：我就是自己的缪斯 / （加）苏珊娜·巴贝扎特著；朱一凡，阮静雯，李梦幻译. -- 桂林：广西师范大学出版社，2025.6. -- ISBN 978-7-5598-8025-3

Ⅰ.K837.315.72

中国国家版本馆 CIP 数据核字第 2025G5K954 号

广西师范大学出版社出版发行

（广西桂林市五里店路 9 号　邮政编码：541004）
网址：http://www.bbtpress.com

出版人：黄轩庄
全国新华书店经销
广西昭泰子隆彩印有限责任公司印刷
（南宁市友爱南路 39 号　邮政编码：530001）
开本：787 mm × 1 092 mm　1/32
印张：8　字数：170 千
2025 年 6 月第 1 版　2025 年 6 月第 1 次印刷
定价：68.00 元

如发现印装质量问题，影响阅读，请与出版社发行部门联系调换。